KB013691

빛깔있는 책들 102-51

한국의 황제

글/이민원

대원사

이민원 ─────────────

한국정신문화연구원 한국학대학원 역사
학과에서 석사와 박사 과정을 이수했다.
뉴욕주립대(SUNY, Stony Brook) 및 하
버드대(Korea Institute)의 방문학자였으
며 충북대, 충남대, 교원대, 청주대 등에
서 한국사와 동양외교사 등을 강의하였
다. 현재 국사편찬위원회 연구위원, 한
라대학교 겸임교수로 있다.「독립협회에
대한 열국 공사의 간섭」,「대한제국의
성립과 열강과의 관계」,「19세기 말 러
시아 군사교관단의 활동과 역할」,「조선
단발령지연구(중문)」외 다수의 논문이
있고, 저서로『명성황후 시해와 아관파
천』등이 있다.

* 이 책에 실린 사진은 대원사, 서문
당, 가톨릭출판사, 동아일보사, 궁중유물
전시관, 장서각, 독립기념관, 영남대학교
박물관 등 여러 기관과 개인 소장자 김
대벽 선생, 유남해 선생의 양해와 동의
를 얻어 사용된 것입니다. 협조해 주신
분들께 감사 드립니다.

한국의 황제

한국의 황제

머리말

　인간은 누구나 부귀영화를 꿈꾼다. 많은 이들이 권력에 집착하는 것도 그런 꿈과 무관하지 않다. 그러나 제아무리 부귀영화를 누린다 한들 전통 시대의 황제(皇帝)에 미치지는 못할 것이다. 드넓은 황궁과 넘치는 금은보화, 수많은 제후국과 일년 내내 이어지는 조공 사절, 바로 이런 것들이 황제에 대해 일반인들이 갖고 있는 생각이다. 실제로 만리장성을 쌓게 한 진시황이나 로마를 불지른 네로 황제, 거대한 자금성을 거닐었을 명(明)과 청(淸)의 역대 황제 등은 일반인들에게 그런 상상을 불러일으키고도 남을 만큼 부귀영화를 누렸다.

　그러나 모든 황제가 그런 권력과 부귀영화를 누린 것은 아니다. 때로는 스러져 가는 국가의 운명과 함께 고통과 절망 속에서 생을 마감한 인물도 허다하다. 그러고도 당대의 사람들에게는 폭군 혹은 방탕한 군주로, 후대의 역사가들에게는 망국의 군주로 비난받기도 한다. 대청제국의 마지막 황제 푸이(宣統帝 溥儀, 재위 1908~1911년)와 제정러시아의 마지막 황제 니콜라이 2세(Nicholas Ⅱ, 재위 1895~1917년)가 그랬다. 색다른 경우이기는 하지만 베트남(越南) 우엔 왕조(阮王朝)의 마지막 황제 바오 다이(保大, 재위 1925~1945년)도 예외가 아니다.

이들은 모두 19세기 말에서 20세기의 격변기에 자국의 운명 못지않게 파란만장한 일생을 보냈다.

그렇다면 한국의 황제는 어떠했는가. 우리 역사상 황제에 올랐던 인물은 대한제국의 고종(高宗, 光武皇帝, 1852~1919년)과 순종(純宗, 隆熙皇帝, 1874~1926년) 뿐이다. 그러니까 고종은 최초의 황제, 순종은 마지막 황제이다. 고종과 순종은 재위 기간 내내 내우외환에 시달렸고 그 와중에 한 많은 생을 마감하였다. 이 점에서 고종과 순종의 삶은 푸이나 니콜라이의 그것과 비슷하다. 그러나 대한제국의 황제가 다스렸던 나라의 규모나 그들이 처했던 여건은 크게 달랐다. 황제의 사후 국민들이 보인 반응 역시 달랐다. 고종이 붕어하자 '3·1독립만세운동'이 전국적으로 펼쳐졌고, 순종이 붕어하자 다시 서울에서 '6·10만세운동'이 일어났다.

흔히 고종과 순종은 망국의 군주라는 비난을 받기도 한다. 나라를 망친 장본인이라는 것이다. 그렇지만 황제의 죽음에 분노해 일어선 우리의 조부모님들은 어떠한 사람들일까 하는 생각이 드는 것 또한 사실이다. 과거에 일본의 식민사학자들은 한국의 내분을 과장하였고, 일부 마르크시스트들은 전통을 매도하는 데 익숙했다. 필자 역시 작은 질서는 소홀히 여기면서 거창하게 '나라 비난하기'와 '조상 탓하기'에는 익숙하다. 그러나 그 자리에 있지 않으면서 그 일에 대해 정확히 논하기란 실로 용이하지 않다. 내막을 잘 모르기 때문이다.

분명한 것은 과거의 시련은 오늘을 낳은 바탕이란 점이다. 또 내일을 비추어 주는 거울이기도 하다. 어제의 고난을 치욕으로만 여긴다면 역사로부터 도망자가 될 것이다. 오늘을 있게 한 밑거름이자 진통의 과정으로 받아들일 때 과거는 우리에게 새로운 의미로 다가올 것이다. 이제는 한국의 황제와 그 시대의 문물에 대해서도 꼼꼼히 음미해 볼 때가된 것 같다.

황제란 무엇인가

동양의 전통사회에서 황제란 하늘의 명[天命]을 받아 온 세상을 다스리는 사람이었다. 그래서 천제(天帝)의 아들, 즉 천자(天子)라 불렀다. 하늘은 황천상제(皇天上帝)가 다스리고 땅은 그 아들인 황제가 다스린다는 논리이다.

동양에서 황제라는 호칭을 처음 사용한 인물은 중국의 진시황이다. 혼란한 춘추전국시대에 여섯 나라[六國]를 정벌하여 중원 천하를 통일한 진왕(秦王) 정(政, 기원전 259~210년)은 자신을 이 세상에서 가장 위대한 인물로 여겼다. 그래서 중국 고대의 삼황(三皇)과 오제(五帝)를 합하여 스스로에게 황제라는 호칭을 부여했다. 기원전 221년의 일이다. 이후 중국의 역대 군주는 모두 황제라 칭하였다. 자연히 중국 역사에는 수많은 황제가 등장한다.

이에 비해 한국의 역대 군주는 대부분 왕이라 칭하였다. 고대국가가 등장한 이래 근 2천 년 동안 그랬다. 전통 시대에는 동양 각국의 왕이 일부를 제외하고는 거의가 중국 황제의 제후였기 때문이다. 이들은 황제의 책봉을 받아 자국의 백성을 다스렸다.

각국의 왕은 즉위하자마자 중국의 황제에게 고하고 인신(印信)과 고

천하도(天下圖) 『천하도』, 채색 필사본. 51.2×53.4센티미터. 중국 전국시대의 세계 지도인 천하도를 보면 중국과 아시아에 팽배해 있던 중국 중심의 세계질서를 읽을 수 있다. 영남대학교박물관 소장.

명(誥命)을 받았다. 요즘으로 치면 직인(職印)과 임명장을 받는 것이다. 이들은 중국에 사대(事大)와 조공(朝貢)을 하고, 각 나라는 국토의 크기와 상관없이 형제처럼 지내야 했다. 중국의 요구가 그러했고 각국의 제왕도 그런 요구에 충실해야만 나라를 보전할 수 있었다. 이것이 이른바 중국 중심의 세계질서[中華世界, Chinese World Order]이다.

한국의 역대 왕조 역시 이러한 중국 중심의 세계질서에 포함되어 있었다. 특별한 시기를 제외하고는 늘 중국에 사대 조공을 하였으며, 매년 중국의 달력[冊曆]을 받아 썼고, 연호도 단기(檀紀)나 서기(西紀)

가 아닌 중국의 연호를 사용했다. 조선시대 국왕의 교지(敎旨)나 가문의 족보, 비문 등에 보이는 홍무(洪武), 만력(萬曆), 강희(康熙), 옹정(雍正) 등 명과 청의 연호가 그중 일부이다.

나라의 격이 다르니 군주의 명칭도 달랐다. 묘청(妙淸)이나 이징옥(李澄玉) 등 반란군 우두머리가 스스로를 황제라 칭한 것 외에는 황제의 칭호도 쓰지 못하였다. 말하자면 조선과 중국의 주변국은 모두 중국의 속방(屬邦)이었다. 한국 역사에서 황제가 드문 것도 그 때문이다.

전통 시대의 동양사회에서 중국 중심의 세계질서는 나름대로 의미도 있었다. 중국에 도전하지 않는 한 각 나라는 정권을 보장 받았고, 조공무역에서의 이익은 물론 앞서가는 중국 문물의 혜택까지 누렸다. 특히나 중국의 수도와 가까운 조선의 경우는 동남아의 다른 국가에 비해 중국의 문물을 수용하기가 용이하였다. 중국도 이러한 체제를 유지함으로써 자국의 안정을 도모할 수 있었다. 그러니까 중국 중심의 세계질서는 중국과 주변국 모두에게 국가의 안보와 정권의 안정을 기약해 준 동양적 국제질서의 기본 틀이었던 것이다.

그러나 19세기 후반으로 가면서 상황이 달라졌다. 서양 세력의 진출로 인해 동양사회의 질서가 흔들리고, 중국의 힘이 기울면서 새로운 세계관과 국제질서가 자리잡아 갔다. 한마디로 국제관계의 틀이 바뀐 것이다. 화이관(華夷觀)에서 벗어날 것을 주장한 실학자들과 개화사상가들의 만국공법적(萬國公法的) 사고는 이러한 변화를 잘 반영한다. 즉, 중국이든 조선이든 똑같은 하나의 나라라는 주장을 한 것이다. 영은문(迎恩門)이 헐린 자리에 독립문이 들어서고, 고종이 황제로 즉위하여 대한제국을 선포한 것 또한 중국 중심의 세계에서 만국이 동등한 국제법 세계로 이동해 갔음을 공표한 것이었다. 그것은 나라의 '인권 선언'과 같았다. 중국에서 황제가 등장한 지 근 2천여 년 뒤였다.

한국의 황제들

최초의 황제 고종

한국 역사상 최초로 황제의 자리에 올라 열국의 승인을 받은 이는 고종이다. 고종은 조선의 26대 왕위 계승자이며 또한 조선 왕조의 마지막 국왕으로 34년(1863~1897년), 대한제국의 초대 황제로 10년(1897~1907년)을 지냄으로써 통산 44년 동안 군주의 자리에 있었다. 조선 왕조의 역대 군주 가운데 40년 넘게 재위한 인물은 선조(40년), 영조(52년), 숙종(46년), 고종(44년)뿐이다. 그러니까 고종은 영조와 숙종 다음으로 오래 재위한 군주이다.

고종은 1852년(철종 3) 서울에서 태어났다. 부친은 영조의 현손(玄孫, 손자의 손자)인 흥선헌의대원왕 이하응(興宣獻議大院王 李昰應, 1820~1898년), 세칭 흥선대원군이며 어머니는 여흥부대부인 민씨(驪興府大夫人 閔氏)이다. 어릴 때의 이름은 명복(命福), 초명은 재황(載晃), 후에 형(㷗)으로 고쳤다. 1863년 12월 철종이 승하하자 왕실의 어른인 조대비(趙大妃)의 명에 의해 조선 26대 국왕의 자리에 올랐다. 고종은 15세에 왕비를 맞이하였는데, 그녀가 명성황후(明成皇后, 1851

~1895년)이다. 아버지 흥선대원군과 부인 명성황후는 세인의 비판과 동정을 동시에 받는, 한국 근대사의 특출한 인물들이다.

이에 비해 고종은 나약하고 조용한 인물로 알려져 있다. 그러나 서양 외교관들의 보고에서는 고종은 속내를 들여다보기 힘들며, 자신들보다 더 교활(?)하다고 평하고 있다. 명성황후에 대한 평가도 일반적으로 알려진 것과는 달리, 고종의 뜻을 받들어 움직인 것으로 파악하고 있다. 자신들의 의도대로 움직여 주지 않는 고종을 두고 한 푸념이겠지만, 고종과 명성황후에 대한 일반인들의 막연한 인식이 정확하지 않음을 보여 주는 증거라 하겠다. 고종은 개성이 잘 드러나지 않기 때문에 역사가들이 인물평을 하기도 쉽지 않다.

고종의 재위 기간은 한반도는 물론 동북아 전체의 격변기였다. 천시(天時), 지리(地利), 인화(人和) 등 모든 것이 고종에게 불리했다. 재위중 서양의 여러 나라와 조약을 맺고 많은 제도를 꾸준히 고쳐 나갔지만 결실을 맺기가 어려웠다. 즉위 직후 병인양요(丙寅洋擾), 신미양요(辛未洋擾) 등 두 차례에 걸친 서양 군대의 침략으로 강화도가 유린되고, 이후 청국의 내정 간섭과 일본의 거듭된 왕궁 습격, 청일전쟁과 러일전쟁 등 두 차례의 대전 때문에 군주 이하 백성 모두가 수난을 겪은 것도 그러했다. 고종이 장성했을 무렵, 은둔의 왕국 조선은 어느새 열강의 각축장으로 돌변해 있었고, 이후 나라는 순식간에 기울어 갔다.

이처럼 고종은 국정 운영에 매우 불리한 상황에서 국왕의 자리에 올랐다. 그 결과 그는 영광의 주인공이 아닌 비극의 주인공이 되고 말았다. 심지어 왕비(명성황후)가 궁성에서 일본의 군대와 낭인배들에게 참혹하게 희생되는가 하면, 자신은 독살의 위협을 견디다 못해 외국 공사관으로 탈출해야 하는 기막힌 처지가 되었다. 명성황후 시해(弑害)와 아관파천(俄館播遷)이 그것이다.

일 년 뒤인 1897년에 환궁한 고종은 황제의 자리에 올라 대한제국을

고종황제 동북아 전체의 격변기에 등극한 고종은 을미년의 참변을 겪은 후 1897년에
대한제국을 선포하고 황제로 즉위하였다. 『사진으로 보는 독립운동(상)』(서문당).

선포한다. 그러나 수년 뒤 러일전쟁이 일어났고, 마침내 한반도를 무장 점령한 일본에 의해 강제로 황제의 자리에서 물러날 수밖에 없었다.

덕수궁에 은거하며 만년을 보내던 고종은 1919년 1월 21일 함녕전에서 붕어하였다. 향년 68세였다. 군주로서는 장수한 편이지만, 참으로 고통스러운 일생이었다.

고종의 장례일에 즈음하여 거국적인 3·1독립만세운동이 일어났다. 그 결과 해외에 독립운동의 구심체로서 대한민국 임시정부가 결성되었다. 그것은 대한민국 역사상 처음으로 등장한 민주공화제 정부였다. 엄격히 말하면 이것이 대한민국의 '제1공화국'인 셈이다. 고종의 죽음을 계기로 민주공화제 정부가 등장하였으니, 고종 시대의 마감은 한국 역사의 획기적인 전환점이라 할 수 있다.

고종의 유머러스한 일면

고종은 유머가 풍부한 인물이었던 것으로 보인다. 고종을 알현한 여러 외국인들은 한결같이 고종이 매우 부드럽고 온유한 인물이었다고 기록하고 있다. 그러나 재위 기간에 겪은 어려움이 고종의 유머 감각을 앗아간 것으로 보인다. 그래서인지 고종이 난국을 당하여 길게 탄식한 기록들은 흔히 보이지만, 고종의 유머를 볼 수 있는 기록은 별달리 눈에 띄지 않는다. 그런 가운데 한 가지 알려진 얘기는 윤치호(尹致昊, 1865~1945년)에게 건네준 장난조의 쪽지이다.

윤치호는 일본에서 영어를 배우기 시작한 지 얼마 안 되어 미국 공사 푸트(Foote, L. H.)의 영어 통역으로 귀국하였다(1883년). 그의 나이 18세 때였다. 윤치호는 궁정을 드나들며 미국 공사와 고종의 대화를 어설프게나마 통역하곤 하였다.

고종은 늦게 일어나고 깊은 밤중에 집무하는 습관이 있었다. 열국 외교관들도 자연히 밤늦게 고종을 알현하는 일이 많았고 윤치호도 밤늦게 궁궐에 가서 통역을 해야 했다. 그러나 고종을 알현하거나 그 순서를 기다리는 일은 때로 지루한 것이었다. 한창 나이의 윤치호는 졸음을 견디기가 힘들었을 것이다. 팔뚝을 꼬집고 손바닥으로 얼굴을 비벼도 수마는 계속 달려들었다. 그러다 지친 윤치호는 벽에 기댄 채 깜빡 졸곤 하였다. 고종도 어쩌다 이 광경을 목격하곤 미소를 지었다.

그러던 어느 날, 윤치호는 여느 날과 마찬가지로 벽에 기댄 채 졸고 있었다. 고종은 슬며시 붓을 꺼내더니 무엇인가를 써서 윤치호의 품에 넣고 지나갔다. 잠을 깬 윤치호가 놀라 펴 보니 '그대를 오늘부터 잠꾸러기 대신(眠笑大臣)에 특별히 임명하노라!' 하는 글이 쓰여 있었다. 스무 살 안팎의 통역이 꾸벅꾸벅 졸다가 '대신'으로 벼락 출세한(?) 셈이었다. 고종의 장난기 어린 쪽지였지만 윤치호는 이를 소중하게 보관하였다.

마지막 황제 순종

순종은 대한제국의 마지막 황제이다. 1872년 2월 창덕궁(昌德宮)의 관물헌(觀物軒)에서 태어났다. 이름은 척(坧)이며 어머니는 명성황후이다. 태어난 다음해 세자에 책봉되었고, 아홉 살 때인 1882년에 여흥 민가의 규수와 혼인하였다. 그 비가 곧 순명효황후(純明孝皇后, 1872~1904년)이다. 순종의 재위 기간은 1907년부터 1910년까지 약 3년 동안이었으며, 재위에 오르는 과정뿐 아니라 평생을 암흑 속에서 보내야 했다.

순종은 일제의 침략으로 가장 큰 정신적 피해를 입은 사람 가운데 하나이다. 그의 업적보다 그가 당한 비극을 논할 수밖에 없는 이유가 거기에 있다. 순종은 어머니의 비극적인 최후로 인한 충격에서 평생 벗어

마지막 황제 순종 고종의 황제 폐위에 따라 1907년 즉위한 순종은 1910년 대한제국과 함께 역사의 그늘로 사라졌다. 『사진으로 본 백년 전의 한국』(가톨릭출판사).

나지 못하였다. 열국 외교관의 보고에 따르면 을미사변 당일 왕태자(후일의 순종)는 일본 자객의 칼을 맞아 기절하였고, 왕후(1897년 명성황후로 추존)는 절명의 순간에도 왕태자를 외쳐 불렀다고 한다. 당시 왕태자비(후일의 순명효황후) 역시 누구(?)의 것인지 모를 피를 잔뜩 뒤집어쓰고 혼비백산한 상태였다. 그날 이후 왕태자는 넋이 나간 듯 때때로 건청궁(乾淸宮)을 맴돌았다. 때로는 모후(母后)가 최후를 맞았던 옥호루(玉壺樓)를 들여다보며 어마마마를 부르짖다가 혼절하곤 하였다.

이런 소문을 들은 열국 외교관은 왕태자가 모자라는 인물이고 정서

적으로 불안정하다고 본국에 보고하였다. 그러나 순종과 순명효황후가
끝내 말하지 못하고 '무덤까지 가지고 간 비밀'을 그들은 알지 못하였
다. 사건으로 인한 충격 때문인지 순명효황후는 일찍 세상을 떠났다.
순명효황후와 사별한 순종은 2년 뒤 새로운 황태자비를 맞이하였다.
그녀가 곧 순정효황후(純貞孝皇后, 1894~1966년)이다. 순종은 33세,
순정효황후는 13세였다.

  1907년 고종이 일본의 강요에 의해 퇴위하면서 순종은 내키지 않는
황제의 자리에 올랐다. 그러나 이름만 황제였을 뿐 아무런 실권이 없었
다. 1910년 일본에 의해 국권을 강탈당하고 황제의 자리에서 물러난
순종은 이왕(李王)으로 격하되어 궁중에서 죄수와 같은 생활을 하였
다. 그리고 1926년 향년 54세를 일기로 창덕궁에서 붕어함으로써 길지
않은 생을 마감하였다. 장례일인 6월 10일에는 서울 일원의 학생들이

옥호루 명성황후가 일본인들에 의해 시해된 곳이다. 그날 이후 순종은 이곳에서 어마마
마를 부르짖다 혼절하곤 하였다. 『사진으로 본 백년 전의 한국』(가톨릭출판사).

만세시위운동을 일으켰다. 이것은 순종의 죽음에 대한 일반인과 학생들의 정서를 잘 보여 주는 사건이라 할 수 있다.

고종은 왜 황제가 되고자 했나

고종이 황제로 즉위한 이유는 무엇인가. 또 그 뒤에는 어떤 논리가 숨어 있는 것일까?

고종에게 황제로 즉위할 것을 주장한 최초의 인물은 김옥균(金玉均, 1851~1894년)이다. 1884년 갑신정변(甲申政變) 때의 일이다. 청일전쟁 당시에는 일본 공사 오도리 게이스케(大鳥圭介)도 제의하였고, 을미사변 직후 조정에서도 잠시 논의한 바 있다. 김옥균 등은 국민들로 하여금 청나라로부터 자주 독립할 의식을 고취시키자는 의도였고, 일본측은 '조선을 청나라로부터 자주 독립시켰다'는 선전 구호로 삼기 위해 황제 즉위를 제의한 것이다. 그러나 고종은 이 모두를 거절하였다. 황제로 즉위할 상황도 아니었지만, 무엇보다 일본의 의도를 잘 알고 있었기 때문이다.

이후 조정에서 황제 즉위건이 다시 거론된 것은 1897년, 고종이 경운궁(慶運宮, 지금의 덕수궁)으로 환궁한 직후였다. 당시는 청일전쟁의 결과로 청나라의 간섭에서 벗어났고, 아관파천의 결과 일본의 간섭에서도 어느 정도 자유로웠다. 또한 러시아 공사관을 떠나 환궁함으로써 러시아의 구속이 풀려 정부에 약간 숨통이 트였던 때이다.

황제 즉위를 주장한 논리는 이러했다. '왕이란 황제보다 낮으며, 역사적으로 우리나라 사람들은 왕을 황제에 종속된 존재로 여겨 왔다. 따라서 황제 즉위는 우리의 군주가 독립적이며, 아무에게도 낮은 존재가 아니라는 사실을 확인해 줄 최선의 수단'이라는 것이었다.

장을 하였고, 허리에는 금줄로 연결된 은빛의 군도를 찼다. 옛 풍속으로 조
선 군복을 입은 관원들도 있었으며 금관 조복한 관인들도 많이 있었다.

어가 앞에는 대황제의 태극 국기가 먼저 지나갔고, 대황제는 황룡포에 면
류관을 쓰고 금으로 채색한 연을 탔다. 그 뒤에 황태자가 홍룡포를 입고 면
류관을 쓴 채 붉은 연을 타고 지나갔다. 어가가 환구단에 이르자 제향에 쓸
각색 물건을 둘러보고 오후 네 시쯤 환어하였다. 십이 일 오전 두 시 다시
위의를 갖추어 황단에 가서 하느님께 제사하고 황제 위에 나아감을 고하였
다. 황제는 오전 네 시 반에 환어하였다. 동일 정오 십이 시에 만조백관이
예복을 갖추고 경운궁에 나아가 대황제와 황태후, 황태자와 황태비에게 크
게 하례를 올렸고, 백관들이 크게 '황제폐하 만세'를 불러 환호하였다(『독
립신문』 광무 원년 10월 12일).

환구단의 황제 즉위식은 동양의 전통적인 양식, 그 가운데에서도 명
나라의 의례에 따른 것이었다. 이 행사는 한(漢), 당(唐), 송(宋), 명
(明)으로 이어지는 전통을 우리나라가 직접 계승했다고 주장하던 정부
의 관료와 유생들의 주장에도 부합하는 것이었다.

비록 취약하기 짝이 없었지만 우리 역사상 초유의 황제국이 탄생하
게 된 것이다.

광무 원년 시월 십이 일은 조선사기에서 몇만 년을 지내더라도 제일 빛나
고 영화로운 날이 될지라. 조선이 몇천 년을 왕국으로 지내어 가끔 청국에
속하여 속국 대접을 받고 청국에 종이 되어 지낸 때가 많더니 …… 이달 십
이 일에 대군주폐하께서 조선사기 이후 처음으로 대황제 위에 나아가시고
그날부터는 조선이 다만 자주독립국뿐이 아니라 자주독립한 대황제국이 되
었으니 …… 어찌 조선 인민이 되어 감격한 생각이 아니 나리오(『독립신문』
광무 원년 10월 14일).

대한제국 선포와 각국의 반응

황제 즉위식 다음날 정부에서는 국호를 대한(大韓)으로 개정하여 선포하였다. 국호를 결정한 사람은 고종과 대신들이다. 국호를 대한으로 변경한 이유는 '나라는 옛 나라이나 천명(天命)을 새로 받았으니 새로 이름을 정하는 것이 합당하다. 조선(朝鮮)은 기자(箕子)가 봉해졌을 때의 이름이니 당당한 제국의 이름으로 합당하지 않다. 한(韓)은 우리의 고유한 나라 이름이며, 우리나라는 마한(馬韓), 진한(辰韓), 변한(弁韓) 등 원래의 삼한(三韓)을 병합한 것이다. 큰 한(大韓)이라는 이름이 마땅하다'는 의견 때문이었다.

대한제국을 선포한 직후 정부는 국민에게 이 사실을 알렸고, 『독립신문』의 영문판과 『The Korean Repository』 등에서는 그 내용을 내외국인에게 상세히 소개하였다. 이것으로 과거 500년 동안 중국에 사대의 의례와 조공을 했던 조선 왕조는 1897년 10월 12일 조용히 사라졌고, 한국 역사상 최초로 황제의 나라 대한제국이 탄생하였다. 언론에서는 '그것은 침략자의 발자국 소리나 반역자의 외침, 산을 울리는 포성, 침략자들의 횃불도 보이지 않는 가운데 일어난 조용하지만 의미심장한 변화'라고 소개하였다.

대한제국이 선포되자 각국은 대한제국을 직·간접으로 승인하였다. 그중 러시아와 프랑스는 황제가 직접 승인 축하하였으며 일본, 영국, 미국, 독일 등도 간접적으로 승인 의사를 표시하였다.

이 문제에 가장 민감하게 반응한 나라는 청나라이다. 청나라는 '조선의 군주가 감히 황제를 칭하다니 망자존대(妄自尊大)'라 하였고, 청일전쟁의 패배보다 더 자존심 상하는 일로 여겼다. 한국에서 활동하는 자국인의 상업 활동을 위해 한국과의 관계를 조정하자는 이홍장 등의 대신측과, 한국을 괘씸하게만 생각하는 공친왕 등 황실측의 주장이 엇갈렸다. 그러나 공친왕이 사망하자 두 나라의 관계는 조정되었다.

1899년에는 한국과 중국간에 사상 최초로 두 나라 황제의 이름으로 한청통상조약(韓淸通商條約)이 체결되었다. 2천 년 한중관계사상 처음으로 서로를 대등한 객체로 인정한 획기적인 조약이었다.

각국 입장에서 볼 때 대한제국의 선포는 별로 달가울 것이 없는 조치였다. 그것은 한국은 자주 독립국이니 내정에 간섭하지 말라는 뜻이었다. 각국의 반응도 사실 냉랭하였다. 대한제국의 선포를 '1루블의 가치만도 못하게 여긴다'거나 '동전 한 닢만도 못하게 여긴다'는 말까지 나돌았다.

각국의 언론도 예외가 아니었다. 일본의 한 영자신문(英字新聞)은 '제국을 선포했다 하나 대한이 과연 독립국이냐'하며 대한제국의 선포를 조롱하는 기사까지 실었다. 그러자 노발대발한 『독립신문』측에서 즉각 통박하였다. '대한은 약소국이기는 하나 남의 속국이 아니다. 벨기에나 그리스, 네덜란드, 터키나 마찬가지이다. 대한은 어느 나라와 마찬가지로 동등한 권리를 가지고 있다!'고 주장한 것이다. 이러한 정황으로 볼 때 고종의 황제 즉위와 대한제국 선포가 일본이 시켜서 한 일이라는, 과거와 현재의 근거 없는 소문은 참으로 맹랑하기만 하다.

황제의 권력과 시책

대한제국의 '헌법' 선포

조선시대에 이르기까지 역대 왕조 가운데 군주의 권한을 문서로 밝힌 예는 없었다. 그러나 대한제국의 고종은 최초로 군주의 권한을 문서화하여 밝혔다.

황제의 절대권만을 규정한 점에서 보면 국민의 권리를 규정하고 있는 오늘날의 헌법에는 미칠 수 없지만, 국가의 체제와 집권자의 권한을 밝힌 점에서는 일종의 '헌법'이라 할 수 있다. 이것이 갖는 역사적 의미도 크다. 전근대의 전제군주국에서 근대의 입헌군주국으로 옮겨 가는 역사 발전의 한 걸음으로 해석되기 때문이다.

법제상으로 볼 때 대한제국의 황제는 무한 불가침의 군권을 갖는 것으로 되어 있다. 황제가 1898년 8월 17일에 선포한 「대한국국제(大韓國國制)」에서도 그 점이 잘 드러나 있다.

　제1조 대한국은 세계만국이 공인한 자주독립국이다.
　제2조 대한제국의 정치는 전제정치이다.

제3조 황제는 무한한 군권을 향유한다.

제4조 신민이 황제의 군권을 침손할 경우는 신민의 도리를 잃은 자로 본다.

제5조 황제는 육·해군을 통솔하고 편제를 정하며, 계엄과 해엄의 권한을 갖는다.

제6조 황제는 법률을 제정하고 그의 반포와 집행을 명하며, 국내 법률을 개정하고 대사, 특사, 감형, 복권의 권한을 갖는다.

제7조 황제는 행정 각부의 관제와 문관의 봉급 제정 혹은 개정권과 행정 칙령을 내릴 권한을 갖는다.

제8조 황제는 문무관의 임명을 행하며 작위, 훈장 및 기타 영전을 수여 혹은 박탈할 권한을 갖는다.

제9조 황제는 각 조약국에 사신을 파견, 주재하게 하며 선전, 강화 및 제반 조약을 체결할 권한을 갖는다.

이상은 황제가 입법(立法), 사법(司法), 행정(行政), 선전(宣傳), 강화(講和), 계엄(戒嚴), 해엄(解嚴) 등의 전권을 갖는다는 내용이다. 언뜻 보면 황제가 절대권력을 행사한 것처럼 보인다. 그러나 전제군주시대에 군주의 권한을 명문화한 것 자체는 말이 절대권력이지, 사실은 그동안 실추되었던 군권을 복구하자는 의미였다.

청일전쟁 이후 일본이 가장 심하게 훼손한 것은 군주의 권위였다. 물론 군주의 권한이 법에 의해 규정되고, 국민 개개인의 권리와 자유가 확대되는 것이라면 마땅히 발전적이다. 그러나 고종의 권위와 권력을 추락시킨 뒤 그 자리를 대체한 것은 조정의 대신도 국민도 아닌, 일본의 고문관들이었다.

한마디로 내정개혁이라는 미명하에 한 나라의 구심점을 와해시킨 것이다. 그래서 군권의 복구는 오히려 일본에 의해 손상된 국가의 구심력을 회복하려는 의미로 해석해야 할 것이다.

황제의 시책

청일전쟁 이래 벼랑 끝으로 몰린 국가적 위기와 참담했던 고종의 입지에 비추어 볼 때 군권의 강화가 갖는 의미는 크다. 개인의 권력 강화라는 차원에서 볼 수도 있지만, 통치권자의 지도력 강화라는 의미도 있었다. 이후에 추진된 고종의 시책에 대해 방향을 잘 잡은 개혁이라는 주장도 있고, 그렇지 않다는 주장도 있다. 전자의 경우 고종황제 재위 당시의 연호를 따서 광무개혁(光武改革)이라 칭한다. 이 개혁은 고종이 경운궁으로 돌아온 해부터 러일전쟁 직전까지(1896년 2월~1904년 2월) 추진되었다.

황제의 시책은 혁신적이면서도 점진적이었다. 그것은 옛 법을 근본으로 삼고 신식을 참고한다는 '구본신참(舊本新參)'을 표방하였다. 이때 도량형 제도의 제정과 시행, 교통·통신 시설 확충, 우편 정보망 시설, 발전소·전기·전차 시설, 호적제, 순회 재판소 실시, 종합병원(제중원학교, 혜민원) 설립 등이 이루어졌다.

여기에서 가장 주목할 만한 부서가 궁내부(宮內府)이다. 청일전쟁 직후 군주권뿐 아니라 왕실의 재정까지 통제받자, 종친을 부양해야 하는 군주의 입장에서는 타격이 컸다. 그래서 아관파천 후 궁내부의 권한을 강화시켜 갔다.

전국의 광산, 철도, 홍삼 제조, 수리 관개 사업 등을 궁내부의 내장원(內藏院)에서 관할하도록 하였다. 내장원은 황실의 재정을 관리하는 부서이니, 국가 재정과 황실 재정의 경계가 모호해진 셈이다. 자연히 궁내부의 기능이 강화되었고, 그 수입은 정부의 예산과 관계없이 황제가 내탕금(內帑金)으로 전용하게 하였다. 그 결과 이 부분의 조세 수입은 정부에서 분리되어 황실의 수입이 되었다.

황실에서는 광산 등을 직접 관리하고 직영하기도 하였다. 황제의 전

대한제국 선포 후의 고종 『사진으로 보는 독립운동(상)』(서문당).

제(專制)라고 비판할 수도 있고, 황제가 관리들을 믿을 수 없었기 때문이라고도 볼 수 있다.

다음으로 주목되는 것은 군사 분야이다. 황제가 육·해군을 직접 통수하는 체제에 의거, 군부 외에 별도로 원수부(元帥府)를 설치(1899년 7월)하여 서울과 지방의 모든 군대를 황제가 직접 지휘하게 하였다. 1900년 6월에는 원수부 내에 육군 헌병대를 설치하여 전국 군대의 헌병 업무를 관할하게 하였다. 시위 기병대를 설치하고 병력을 일부 증강하기도 하였다. 서울의 진위대(鎭衛隊)가 개편되어 2개 연대로 증강되고 2개 연대의 시위대가 창설되었다. 호위군도 호위대(扈衛隊)로 개편, 증강되었다.

지방군도 증강되어 을미개혁 당시에는 평양과 전주에 진위대가 있었을 뿐인 데 반해 2개 진위대와 14개 지방대대로 늘어났고, 다시 6개 대대의 진위대로 통합 개편되었다. 그러나 국방의 기능을 수행하기에는 미흡하기 짝이 없었다. 재정 부족으로 군사 양성을 기대하기 어려웠고, 황제의 호위 병력을 증강하는 데 급급했다는 인상을 지울 수 없다. 거듭된 일본의 방해로 한국 군대는 회복할 수 없을 정도로 망가져 있었던 것이다.

그 다음 주목되는 것은 북방 문제이다. 블라디보스토크(海蔘衛)와 간도(間島) 지방으로 이주한 교민들을 보호하기 위해 해삼위통상사무, 북간도관리사를 설치하고 북간도의 영토 편입을 시도하였다. 그리고 1899년에는 앞서 언급했듯이 최초로 청나라와 대등한 입장에서 통상조약을 체결하였다.

상공업 진흥정책도 추진되었다. 정부 스스로 제조공장을 설립하거나 민간 제조회사의 설립을 지원하고, 유학생을 해외에 파견하거나 기술교육기관을 설립하여 근대적 기술을 습득하였으며, 민간 제조회사의 근대적 기술 습득을 장려하거나 기술자 장려책을 강구한 것이다. 황실에서는 방직공장, 유리공장, 제지공장의 설립을 시도하였고 황실이 직영하는 업종 이외에는 민간에도 허가하였다.

이에 따라 특권적 성격에서 벗어난 근대적 회사와 실업학교들이 설립되었다. 1899년 상공학교(商工學校)와 1901년 광무학교(鑛務學校)등 공립 실업학교의 설립이 그것이다.

아울러 과학기술을 응용한 각종 기계나 선박 등이 제조되기도 하였다. 상공업에 대한 정부의 인식이 조선시대와는 크게 달라져 있음을 보여 주는 예라 할 수 있다.

황제가 가장 역점을 둔 정책은 토지 측량〔量田〕과 토지 문서〔地契〕 발급 사업, 즉 양전지계사업(量田地契事業)이다. 이는 각종 제도 개편 및 증설에 따른 재정을 충당하기 위해서였다.

전국 토지의 정확한 규모와 소재를 파악하여 조세의 부과와 예산의 편성을 합리화하고, 각종 개혁을 추진하자는 것이었다. 1차 산업이 중심인 농업 국가에서 무리 없이 착수할 수 있는 사업이었다.

정부는 곧 양지아문(量地衙門)을 설치하고 외국인 측량기사를 초빙하여, 1899년부터 1901년 11월까지 전국 331개군 중 124개군에서 본격적인 양전사업을 실시하였다. 양전사업은 당초 전국에 걸쳐 실시할 계획이었으나 황해도를 제외한 이북의 대부분 지역에서는 시행되지 못하였고, 이남에서도 강원도를 제외한 지역에서만 실시되었다.

토지 측량과 함께 토지 문서를 발급하였다. 토지의 소유권을 재확인하여 토지 문서를 발급하는 사업을 동시에 수행하기 위한 것이었다. 이때의 사업은 앞서 사업이 시행되지 않은 다른 군과 현에서 주로 실시되었다(94개군). 이 사업은 근대적인 토지 소유 증명 제도를 도입하였다는 데 의미가 있다. 2차에 걸쳐 이루어진 이 사업은 전국 토지(331개군)의 3분의 2에 달하는 218개군에서 시행되었다. 이것은 토지 제도의 근대화에 중요한 전기가 되었다.

황제의 시책이 갖는 의미

고종의 정책은 다양하고도 광범위한 분야에서 시행되었다. 군권을 강화한 정책은 논란이 되기도 했지만 대부분 마땅히 해야 할 일들이었다. 그러나 결과는 미흡하기 짝이 없었고 그마저도 파행을 겪었다. 위로부터 구조를 개선하여 외세의 침략을 저지하고 독립을 유지하자는 것이 목적이었으나 안팎으로 문제가 있었다.

안으로는 재정이 턱없이 부족한 데다 여론 수렴이 어려웠다. 특히 재정난은 조선 왕조 500년을 통틀어 보아도 늘 당면한 문제였다 할 만큼 뿌리가 깊었다. 그런데도 별다른 대책 없이 오랫동안 재정 문제가 표류해 온 원인이 무엇인가는 곰곰이 되짚어 보아야 할 부분이다.

이런 사정에 더하여 밖으로는 열국으로부터 각종 이권을 약탈당하는 상황이었다. 동해안의 포경권(1899년 3월 러시아), 마산항의 토지조차(土地租借, 1900년 러시아), 용암포 점령(1903년 러시아), 경상도·강원도·함경도·경기도의 어업권(1900년 일본), 인삼 위탁 판매권(1900년 일본), 직산금광 채굴권(1901년 일본), 일본 제일은행권의 법화 통용(1902년), 창성광산 채굴권(1901년 프랑스) 등이 그 일부이다.

게다가 1904년 2월 일본의 러일전쟁 도발과 함께 청일전쟁 이래 급격히 기울어 간 국가의 기능이 결정적 타격을 입으면서 개혁사업은 중단되고, 토지조사사업을 비롯한 정부의 각종 시책은 어느 것 하나 제대로 결실을 보기 어려웠다.

어떻든 이 가운데서도 황제의 시책을 결정적으로 구속한 것 하나를 든다면 물론 외압이다. 청일전쟁 직후부터 한국의 군사와 재정 등이 이미 러·일의 이해에 의해 좌우되는 상황이었고, 심지어 정부대신의 인사까지도 그러했다. 개혁이 절실했던 이유는 무엇보다 외압을 극복하는 데 있었지만, 이를 결정적으로 구속한 원인도 바로 거기에 있었다.

대한제국의 몰락과 황제의 죽음

을사늑약(乙巳勒約)

황제 즉위 이후 고종이 펴 나간 다양한 시책은 러일전쟁이 발발하면서 물거품이 되었다. 일본이 한국을 지배하기 위한 1단계 관문이 청일전쟁이었다면, 러일전쟁은 2단계 관문이나 다름없었다. 그러나 일본이 한국의 주권을 빼앗기 위해 가장 주의를 기울인 부분은 열강의 허락을 받아 두는 일이었다. 그래서 외교에 총력을 기울였고 그 결과 세 개의 중요한 협약이 체결되었다. 그것이 1905년의 가쓰라-태프트밀약(7월 27일), 제2차 영일동맹(8월 12일), 포츠머드강화조약(9월 5일)이다.

가쓰라-태프트밀약과 제2차 영일동맹은 일본이 한국을 보호 조치하는 것에 대해 영국과 미국이 양해를 한 것이다. 그에 대한 보답으로 일본은 미국이 필리핀을 통치하는 것과 영국이 인도 국경에서 특수 이익을 확보하는 것을 승인하였다. 포츠머드강화조약은 러시아로부터 '일본이 한국 정부와 협의(?)만 거친다면 한국의 주권을 침해하는 어떠한 조치도 집행할 수 있다'는 동의를 받아 둔 것이다. 이것으로 일본은 마음놓고 한국을 병탄할 조건을 모두 갖추게 된 것이다.

영친왕과 이토 히로부미 황제와 대신들을 협박해 을사늑약을 체결하게 한 뒤, 이토 히로부미는 유학이라는 명목으로 영친왕을 일본으로 끌고 갔다. 『사진으로 본 백년 전의 한국』(가톨릭출판사).

　외교적 방벽을 구비한 일본은 곧바로 한국 조정을 압박하기 시작했다. 총리대신 가쓰라 다로(桂太郎), 외상 고무라 주타로(小村壽太郎), 주한 일본 공사 하야시 곤스케(林權助)가 한국을 '피보호국'화하기로 결정하고, 이토 히로부미(伊藤博文, 1841～1909년, 당시 추밀원장)를 한국에 파견하였다. 이토는 고종에게 일본 천황의 친서를 전하였다. '짐이 동양 평화를 유지하기 위하여 대사를 특파하니 대사의 지휘에 따라 조처하라'는 내용이었다. 그야말로 '귀신 같은 명령'이자 대한제국 황제에 대한 능멸이요 협박이었다. 논리상 황제에게 명령할 수 있는 이는 하늘의 제왕(天帝)뿐이다. 일왕(日王)을 '살아 있는 귀신(天皇)'운 운하며 신격화한 것도 모두 까닭이 있는 일이다.

곧이어 이토는 외교권을 넘겨준다는 내용의 조약에 서명하라며 대신들을 협박하였다. 협박에 시달리던 대신 가운데 일부는 황실의 안녕만큼은 보장해 달라는 조건으로 서명했지만, 몇몇 대신은 여전히 강경하게 버티고 있었다. 그러자 이토는 과반수의 대신이 서명하였으니 통과된 것이라고 선언하였다. 이것이 이른바 5개조의 '을사조약(乙巳條約)'이다. 11월 18일 새벽 2시의 일이었다.

그러나 이 조약은 명백한 협박 문서였다. 그래서 조약이라 하지 않고 '을사늑약(乙巳勒約)'이라 한다. 을사늑약은 강제와 협박에 의해, 그것도 각료의 형식적 의결만 거쳐 이루어진 것이다. 고종의 서명도, 공식적인 명칭도 없다. 최고 주권자의 승인도, 서명도, 명칭도 없고 대신들에게 강제와 협박이 가해졌으니 절차상 치명적인 하자가 있는 것이다. 무효일 수밖에 없는 '조약 아닌 조약'인 셈이다. 그러나 국제법이란 '이 세상에 없는 법!', 법은 멀고 제국주의는 가까웠다.

분노하는 언론과 지사들의 자결

늑약의 소식이 알려지자 국민들은 분노에 휩싸였다. 분격한 국민들의 조약반대 투쟁이 일파만파로 확산되었다. 여기에 불을 당긴 것이 1905년 11월 20일자 『황성신문(皇城新聞)』에 실린 장지연의 논설 「시일야방성대곡(是日也放聲大哭)」이다.

지난번 이토 후작이 오매 어리석은 우리 인민들이 말하기를 '후작은 평소 동양 삼국의 정족(鼎足: 솥발처럼 3국이 균형을 이루어 동양의 안정을 유지한

다는 의미)하는 안녕을 주선한다고 자처하던 사람이었으니 ……' 경향간에 관민 상하가 환영하여 마지않았다 …… 천만 뜻밖에도 5조약은 어디에서부터 나왔는가. 이 조약은 비단 우리나라만이 아니라 동양 3국이 분열하는 조짐을 빚어낼 것인즉 이토의 본뜻이 어디에 있느냐 …… 아, 원통하고도 분하도다. 우리 2천만 남의 노예가 된 동포여! 살았는가, 죽었는가. 단군 기자 이래 4천만 국민 정신이 하룻밤 사이에 별안간 멸망하고 멈추겠는가. 아, 원통하고 원통하도다. 동포여! 동포여!

일본측은 즉시 장지연을 연행하고 『황성신문』에 무기한 정간 조치를 내렸다. 원통함을 이기지 못해 자결한 인사가 전국에서 줄을 이었다. 시종무관장 민영환(閔泳煥, 1861~1905년)은 고종 황제와 국민, 각국 공사에게 보내는 세 통의 유서를 남긴 뒤 평소 지녔던 칼로 자결하였다. 11월 30일 새벽 6시. 그가 2천만 동포에게 남긴 유서는 작은 명함

민영환 을사늑약의 폐기를 주장하였으나 받아들여지지 않자 죽음으로 항거. 국민들의 항일 의식을 고취시킨 인물이다. 『사진으로 본 백년 전의 한국』(가톨릭출판사).

에 급히 써 내려간 짧막한 글이다.

오호라, 나라의 치욕과 백성의 욕됨이 여기에 이르렀으니 우리 백성은 장차 생존 경쟁 속에서 모두 망하게 되는구나. 무릇 살려고 하는 자 반드시 죽고, 죽기를 각오하는 자 반드시 산다는 것은 여러분도 익히 아는 바다. 영환은 한 번의 죽음으로 우러러 황은에 보답하고 2천만 동포께 사죄한다. 영환은 죽었어도 죽은 것이 아니다. 지하에서 여러분을 도울 것이다. 부디 우리 동포 형제들이 천만 배 노력을 더하여 자기를 다지고 학문에 힘쓰고 힘을 길러 우리의 자유와 독립을 회복한다면, 나는 마땅히 지하에서 기뻐 웃을 것이다. 슬프다. 그러나 조금도 실망하지 마라.

전 의정 조병세(趙秉世, 1827~1905년)도 국민과 각국 공사에게 보내는 유서를 남기고 목숨을 끊었으며, 많은 전·현직 관리나 지사들이 그의 뒤를 이었다. 심지어 중국인 반종례와 일본인 니시자카도 동양의 평화를 깬 일본을 지탄하면서 투신 자살하였다. 반종례는 '순망치한(脣亡齒寒)이니 한국이 망하면 자신의 조국도 곧 망할 것'이라는 절망감 때문에, 니시자카는 일본이 동양 평화를 유린하였으니 이 업보를 어떻게 감당하느냐는 죄책감 때문에 자결한 것이다.

한편 늑약 체결 1개월 전인 10월, 황실 고문 헐버트는 고종이 미국 대통령 앞으로 보내는 친서를 갖고 워싱턴으로 출발했다. 그가 워싱턴에 도착한 바로 다음날 일본은 한국 정부를 협박하여 을사늑약을 맺었다. 늑약 직후 고종은 이것이 무효임을 대외에 선언하였다. 고종은 늑약이 강제된 지 일주일이 채 안 된 11월 24일, 미국에 머물고 있던 헐버트에게 다음과 같이 전하였다.

짐은 총칼의 위협과 강요 아래 최근 양국 사이에 체결된 이른바 보호조약이 무효임을 선언한다. 짐은 이에 동의한 적도 없고 금후에도 결코 하지 않을 것이다. 이 뜻을 미국 정부에 전하기 바란다.

늑약이 총칼의 위협 아래 최고 주권자의 동의 없이 이루어진 것임을 세계에 알려 달라는 뜻이었다. 곧 『런던 타임즈(London Times)』가 1906년 1월 13일자를 통해 강박하에 체결된 늑약의 내용을 보도하였고, 프랑스 공법학자 프랑시스 레이도 1906년 2월자 『국제공법』을 통해 이 늑약의 원인 무효를 주장하였다. 그러나 아무 소용이 없었다.

황제의 밀사

1907년 6월 네덜란드 헤이그에서는 만국평화회의가 열렸다. 고종은 이준(李儁, 1859~1907년), 이상설(李相卨, 1870~1917년), 이위종(李瑋鍾, 1887년~?) 등 3인의 밀사를 그곳에 보냈다. 이준은 법관양성소에서 법률을 공부하였고 독립협회에서도 활약한 인물이다. 또한 1904년에는 보안회를 조직하여 일본의 황무지 개척권 요구를 배척한 바 있다. 이상설은 을사늑약 이후 블라디보스토크에 망명해 있다가 고종의 밀명을 받았다. 이위종은 러시아 주재공사였던 이범진(李範晉, 1853~1911년)의 아들로, 페테르부르크에 머물러 있던 중 밀명을 받았다.

만국평화회의는 각국의 군비 확장을 제한하고 전쟁 방지를 목적으로 이미 1899년에 제1차 회의가 열린 바 있다. 1907년에 개최된 제2차 회의는 러일전쟁 후 국제 분쟁의 위험성이 커지면서 전쟁 방지를 위해 열린 것이다. 회의에는 세계 주요 국가의 대표들이 참석하였고, 같은 기간에 그곳에서 각국 신문기자단(新聞記者團)의 국제협회(國際協會, The Foundation of Internationalism)도 열리고 있었다.

고종은 일본의 한국 침략상을 고발하여 국제 여론을 환기하고, 한국의 독립에 대한 지원을 호소하기에 유리한 기회라고 보고 밀사를 파견한 것이다. 그러나 회의의 목적은 세계평화보다는 식민지 쟁탈 과정에서 발생하는 주요 강대국간의 분쟁을 방지하는 데 있었다. 말이 만국평화회의였지 사실은 제국주의 국가들간의 마찰을 조정하자는 것이 기본 목표였다. 그러니 약소국의 대표를 끼워 줄 리 만무하였다.

밀사들은 일본과 영국의 방해로 회의장에 들어갈 수 없었다. 그러나 비공식 통로를 통하여 일본 침략상과 한국의 요구를 실은 글을 각국 대표에게 전달하고 신문에도 실었다. 한국 문제를 국제정치 문제로 쟁점화하고자 한 것이다.

이들의 활동은 7월 9일에 열린 각국 신문기자단의 국제협회에서 빛을 발하였다. 이위종은 프랑스어로 '한국의 호소(A Plea for Korea)'를 절규하였고 그의 호소는 각국 언론의 동정을 모았다. 그러나 어디까지나 동정일 뿐 한국의 참혹한 현실을 돌이킬 수는 없었다.

밀사 일행은 통분을 금치 못하였다. 일본의 침략과 약육강식의 논리가 앞서는 국제 현실에 대한 분노, 속수무책으로 당할 수밖에 없는 한국의 무기력에 대한 절망감, 황제의 밀사로서 임무를 완수하지 못했다는 자책감 등이 이들을 망연자실하게 하였다. 며칠 뒤인 7월 14일, 이준이 현지에서 갑자기 절명하였다. 각국 신문기자단의 국제협회가 열린 지 불과 5일 뒤였다.

돌아오지 못한 밀사나 이들을 애타게 기다리던 황제나 절망적이기는 마찬가지였다. 대한제국 황제의 절규를 들어 줄 만큼 '문명이 개화한' 나라는 이 세상 어디에도 없었다. '어쩌다 가난한 나라의 군주가 되어 이 지경을 당하게 되었는가. 차라리 자결을 할 것인가. 지하의 조종(祖宗)과 선열들을 어떻게 대할 것인가.' 고종은 돌아오지 않는 밀사들이 오히려 부러웠을 것이다.

순종의 즉위

헤이그 밀사 파견은 을사늑약이 무효임을 알리기 위한 것이었다. 일본은 조약의 비준을 강요하였지만 고종은 완강히 거부하였다. 황제의 입지는 취약했지만, 일본의 한국 식민지화 작업에는 매우 거슬리는 존재로 인식되었다. 그러나 일본이 황제를 제거하는 것은 시간 문제였다. 마침내 일본은 '헤이그 밀사건'을 구실로 고종을 축출하고자 하였다.

먼저 을사늑약을 기정 사실화하기 위해 비준을 강요하였다. '이 기회를 놓치지 말고 한국 정부에 관한 전권을 장악하라'는 일본 정부의 훈령이 있었다. 7월 3일 이토는 고종황제에게 '음험한 수단으로 일본의 보호권을 거부하려거든 차라리 일본에 선전포고를 하라'고 협박했다.

대일본제국의 건설자인 이토의 국량이 그랬다. 그러나 고종이 끝내 이를 수락하지 않자 이토는 밀사 파견의 '책임'을 들먹여 강제로 고종을 퇴위시켰다(1907년 7월 19일).

고종의 양위식(讓位式)은 다음날인 20일 오전 8시, 경운궁 중화전(中和殿)에서 있었다. 그러나 주인공인 고종과 황태자(순종)는 참석하지 않았다. 양위에 반대하던 이도재, 이갑, 김재풍 등은 면관되거나 체포되었고 박영효(朴泳孝, 1861~1939년)도 제주도로 추방되었다. 그리고 며칠 뒤인 8월 27일 황제 즉위식이 행해졌다.

이렇게 등장한 것이 대한제국의 제2대 황제 순종이다. 재위 연호에 따라 융희(隆熙)황제라고도 부른다. 엄격히 말해 순종은 정상적인 절차를 밟아 황제에 즉위한 것이 아니다. 일제의 강요로 고종이 쫓겨나면서 내키지 않는 자리를 이어받은 것이다.

정통성의 문제를 들어 순종은 대한제국의 황제가 아니라고 주장하는 이들도 있다. 그러나 대한제국 체제가 정상적으로 유지되었다면 후계자는 누구일까. 당연히 황태자인 순종이다. 즉위 과정에 흠이 없는 것은 아니지만, 국민들도 그러한 처지의 순종을 동정하면서 융희황제라 불렀다. 일제가 국권을 강탈해 갈 당시 순종은 나름대로 최선을 다해 대응하였고, 그런 흔적들이 최근 들어 속속 드러나고 있다.

일본의 주권 탈취

러일전쟁 후 일본이 대한제국의 외교권과 재정권을 강탈하고 군대를 해산한 것은 이미 나라를 빼앗은 것이나 다름없었다. 남은 것은 대한제국의 주권을 차지하는 형식상의 절차뿐이었다. 그래서 취한 조치가 '한일합병조약'이며 이것은 한민족사상 최대의 수난이었다.

안중근 을사늑약을 강제한 이토 히로부미를 사살함으로써, 한국민의 통한을 설욕한 독립운동가이다. 『사진으로 보는 독립운동(상)』(서문당).

한국의 애국지사 안중근(安重根, 1879~1910년)이 이토를 사살하자 일본은 내친김에 한국을 병탄(倂呑)하고자 하였다. 1910년 5월 육군대신 데라우치 마사타케(寺內正毅)가 3대 통감으로 임명되었다. 한국에 부임한 그는 헌병 경찰제를 강화하고 일반 경찰제의 정비를 서둘렀다. 이미 1907년 10월에 한국 경찰을 일본 경찰에 통합시킨 데다 1910년 6월에는 종래의 사법권, 경찰권 외에 일반 경찰권까지 확보한 것이다.

만반의 준비를 마친 데라우치는 8월 22일, 마침내 이완용을 앞세워 조약을 조인하였다. 전문 8개조의 제1조에서는 '한국의 황제폐하는 한국 정부에 관한 일체의 통치권을 완전하고도 영구히 일본국 황제폐하에게 양여함'이라 명시하였다. 그러나 국민의 반발을 우려하여 발표는 유보되었다. 먼저 정치단체의 집회를 일절 금지시키고 원로 대신들을 연금한 후, 순종이 나라를 일본에 넘겨준다는 조칙을 내리게 하였다.

한편 8월 초부터 통감부(10월 1일부터는 이름을 총독부로 바꾸었다)와 일본 정부 사이에는 수백 통의 비밀 전문이 오고 갔다. 그 내용은 국호와 황실의 호칭, 합병 협력자의 매수 등에 관한 것이 대부분을 차지했다. 일본의 가쓰라 총리가 데라우치 통감에게 보낸 8월 18일자 전문에는 '현 황제를 창덕궁 이왕전하로 하고 한국의 국호는 이제부터 조선이라고 한다'고 쓰여 있다. 대한제국을 조선으로, 고종태황제를 이태왕전하로, 순종황제를 이왕전하로 칭하라는 것이었다. 순종이 퇴위한 직후 창덕궁 선정전(宣政殿)에는 일월도(日月圖) 대신 봉황도(鳳凰圖)가 걸렸다.

대한제국의 주권이 박탈된 뒤 이 나라의 백성들은 이후 한 세대가 넘도록 암흑의 세월을 보내야 했다. 황궁(皇宮)은 폐허가 되었고 망명한 백성들은 이국 땅에서 방황하였다. 그러나 그 속에서도 민족의 혼은 살아 있었다. 해외에서건 국내에서건 2천만 동포 모두가 그러하였다. 망명한 역사가들의 서릿발 같은 필봉이 그 혼을 일깨웠다.

백암(白巖) 박은식(朴殷植, 1859~1925년)은 망명지 상해에서 태백광노(太白狂奴)라는 필명으로 『한국통사(韓國痛史)』(1915년)를 펴냈다. 태백(太白)은 한국을, 광노(狂奴)는 미친 노예를 뜻하니 나라가 식민지로 전락해 타국에서 방황하는 자신과 동포의 통탄할 심경을 그렇게 묘사한 것이다.

『한국통사』에 서문(序文)을 써 준 캉유웨이(康有爲, 1858~1927년)도 필명을 갱생(更生)이라 했다. 중국의 유명한 변법사상가(變法思想家)이자 대문필가(大文筆家)인 그 역시 '반 식민지'가 된 중국이 다시 소생하기를 바라는 중국인들의 갈망을 필명에 담은 것이다.

박은식이 한국의 아픈 역사를 펴낸 속뜻은 무엇인가.

『한국통사』 박은식이 독립운동의 일환으로 펴낸 역사서. 민족의 역사를 잃지 않는 한 나라는 언제고 되찾을 수 있다는 신념을 바탕으로 쓰고 있다. 사진 유남해.

나라는 멸할 수 있지만 역사는 멸할 수 없다. 나라는 형체이고 역사는 정신이기 때문이다. …… 정신이 살아 소멸하지 않으면 나라는 언제고 되살아날 것이다(國可滅 史不可滅 蓋國形也 史神也 …… 神存而不滅 形有時而復活矣).

고종의 붕어

고종의 뒤를 이어 순종이 즉위하자 고종은 태황제로 불리게 되었다. 물론 실권이 없는 자리였다. 그로부터 불과 3년 뒤 일본은 대한제국을 무력으로 병탄하면서 황실의 의례를 모두 왕실의 격으로 바꾸어 놓았다. 대일본제국 천황 지배하의 속국이라는 것이다. 마치 명나라나 청나라에 조공을 하던 옛날의 조선으로 환원시킨 것이다.

이후 헌병과 경찰에 의한 일제의 무단통치 아래 국민 모두 수난을 겪어야 했다. 고종도 경운궁에 은거하여 만년을 고독하게 보냈다. 그러나 일제의 감시는 지속되었다. 망명정부를 수립하려는 이상설 등 해외 독립운동가들이 고종황제를 해외로 망명시키려는 계획을 세우기도 하였다. 그러나 그런 노력도 물거품이 된 채 1919년 1월 21일, 고종은 경운궁에서 한 많은 생을 마감하였다. 향년 68세였다.

고종의 죽음에 대해서는 당시부터 독살설이 강력히 제기되어 왔다. 평소 고종의 건강에는 문제가 없던 것으로 알려져 있다. 그러니까 갑자기 하루 동안 앓다가 사망한 것이다. 실록의 기사에는 하루 전에 발병하여 다음날 사망한 것으로만 기록되어 있다.

『덕수궁의 비밀』에서는 고종의 사망을 독살에 의한 것이라고 못박고 있다. 이 책의 저자는 나름대로의 근거를 몇 가지 제시하고 있다. 염습 당시 고종의 유해에는 독살되었을 때 나타나는 반응이 두루 나타나 있

고종의 장례식 고종황제의 갑작스러운 죽음과 독살설이 안겨 준 충격은 3·1독립만세운동이라는 거국적이며 전국적인 만세시위로 이어졌다. 『민족의 사진첩(상)』(서문당).

었다고 한다. 칠규(七竅: 얼굴에 있는 일곱 개의 구멍)로 피를 흘린 자국이 선명했으며, 시신이 초에 절인 것처럼 물렀고, 푸른 색깔을 띠었다는 것이다. 심지어 고종이 독살된 과정까지도 자세히 서술하고 있다. 즉 '고종이 북경으로 탈출하려던 계획을 탐지한 이완용이 이 사실을 하세가와 총독에게 알렸고, 이완용은 하세가와와 함께 일본에 가서 고종의 제거를 천황 앞에서 맹약하였다. 돌아온 이완용은 한상학이란 인물을 사주하여 식혜에 독을 풀었고, 이것을 마신 고종은 즉사하였다. 이를 받쳐 올린 김상궁이 깜짝 놀라 식혜를 마셔 보고는 현장에서 즉사하였다'는 것이다.

사실 여부는 확인할 길이 없으나 당시 고종의 독살설이 강력히 유포된 것은 사실이다. 실록 기사의 전후 맥락으로 보아 의문이 가는 것도 사실이다. 박은식이나 3·1운동 당시 독립선언서를 인쇄한 보성사의 사장 이종일(李鍾一)도 고종이 일제의 음모로 독살되었다고 기록하고 있다. 좀더 확인해 보아야 할 일이나, 고종이나 명성황후 모두 일제의 침략에 의해 희생되었다는 점에서는 마찬가지라 할 수 있다.

3·1독립만세운동

고종이 붕어한 지 불과 한 달여 뒤, 한국에서는 세계를 깜짝 놀라게 한 사건이 벌어졌다. 고종의 장례일 바로 이틀 전에 시작된 전국의 3·1독립만세운동이 그것이다. 근 10년에 걸친 일제의 무단통치에 대항하여 온 백성이 들고일어나 대한독립을 요구하는 만세시위를 펼친 것이다. 거기에는 남녀노소는 물론 종파와 지역의 구분을 떠난 전국의 지식인과 학생, 농민, 노동자 모두가 거국적으로 동참하였다.

3·1운동이 일어난 원인은 일제의 폭압적인 무단통치에 있다. 더불

민족 대표 33인의 회동 불교계의 한용운, 기독교계의 이승훈, 천도교계의 손병희 등 민족 대표 33인 가운데 29인이 태화관에 모여 독립선언서를 낭독하였다. 민족기록화. 독립기념관 소장.

어 한국의 자주 독립에 대한 열망을 일제와 전세계에 널리 알려, 민족의 자주와 독립의 기틀을 마련하자는 데 목적이 있었다. 그러나 3·1운동의 동인(動因)에 대해서는 설이 분분하다. 윌슨(Thomas Woodrow Wilson, 1856~1924년)의 민족자결주의 원칙 선언이나 러시아혁명의 영향을 받았다고도 하고, 동경에서의 2·8독립선언 때문이라고도 한다. 모두 고려할 만한 것들이지만, 온 국민이 3·1운동에 동참하게 된 가장 직접적인 계기는 황제의 갑작스러운 죽음과 독살설이 안겨 준 충격이었다.

  3·1운동은 한국 역사상 최대·최고(最高)의 민족운동으로 평가받고

있다. 각기 분산되어 행해진 민족운동이 3·1운동을 통하여 결집되었기 때문이다. 3·1운동의 결과 국내외에 민족독립운동의 구심체로서 여러 개의 임시정부가 설립되고, 마침내 하나로 통합되어 상하이에 대한민국 임시정부가 탄생하였다. 한국 역사상 최초의 민주공화제 정부가 해외에서 망명정부의 형태로나마 탄생한 것이다. 이것이야말로 한국의 '제1공화국'인 셈이다.

순종의 붕어와 6·10만세운동

순종은 1874년에 태어나 열 살도 안 된 어린 나이에 궁정 내외에서 벌어진 끔찍한 사건들을 목격하였다. 약관(弱冠)을 갓 넘어서는 어머니 명성황후가 참변 당하는 것을 가까이에서 목도하였다. 곧이어 고종과 함께 러시아 공사관에 피신하기도 했고, 청일전쟁이나 러일전쟁의 와중에는 늘 부친의 곁에서 조정 안팎의 술렁이는 모습을 지켜보았다. 순종이야말로 고종과 함께 한국 근대사의 가장 생생한 증인인 것이다. 순종은 태어나면서부터 모진 풍상을 겪은 탓인지 건강과 시력을 많이 상하였다. 심적으로는 더욱 그러하였다.

순종황제 역시 대한제국의 국권을 일본에게 강탈당한 뒤 이왕전하로 격하되어 창덕궁에 유폐되었다. 그러다가 1926년 4월 26일에 운명하였고 6월에 국장을 치렀다. 부친의 갑작스런 죽음을 겪은 지 불과 7년 뒤에 세상을 떠난 것이다. 향년 53세였다. 순종의 장지인 유릉(裕陵)은 경기도 양주군 미금면 금곡리에 있다.

순종의 장례일에 서울에서는 학생들의 만세시위운동인 6·10만세운동이 일어났다. 그러나 3·1운동으로 혼이 난 일본은 철저한 통제와 감시로 학생들의 시위가 확산되는 것을 차단하였다.

순종에 대한 후대의 평가는 매우 다양하다. 총독부의 기관지를 제외한 『조선일보』, 『동아일보』 등 국내 언론에서는 순종을 '국권의 상징'으로 보았는가 하면, '한낱 쓰러져 버린 우상(偶像)' 혹은 '불쌍한 어른'이라고도 했다. 반면 러시아, 미국, 중국 등 해외의 한국계 언론에서는 '망국의 군주' 심지어는 '인민의 피를 빨아먹는 흡혈귀'라고 혹평한 기사도 보인다. 이처럼 엇갈린 평가는 그곳이 민주주의가 정착된 나라냐, 혹은 공산주의 운동이 확산된 곳이냐 하는 현지 사정과 무관하지 않아 보인다. 6·10만세운동이 확산되지 못한 요인에는 일제의 탄압과 그런 인식도 작용했을 것이다. 분명한 것은 순종이 붕어하자 국내외 동포 모두 3·1운동 당시처럼 만세운동이 전국적으로 확산되기를 바랐다는 점이다.

황제시대의 의례와 기념물

환구단과 환구제

전통 시대에는 의례적으로 갖추어야 할 몇 가지 국가적 영조물(營造物)이 있었다. 궁궐과 종묘(宗廟)와 사직단(社稷壇)이 그것이다. 이 가운데 궁궐은 왕이 거처하면서 백관과 함께 정사를 펴는 곳이다. 종묘는 왕이 조상신들을 모시고 제사를 올리는 곳이며, 사직단은 나라 땅의 신[社神]과 곡식의 신[稷神]에게 제사를 지내는 단이다. 그러니까 궁궐은 왕을 위시하여 살아 있는 사람들의 활동 무대이고, 종묘는 왕의 조상신들을 모신 곳이며, 사직단은 농사의 풍년을 기원하기 위해 토지의 신과 곡식의 신을 모신 곳이다.

여기에 대한제국이 등장하면서 또 다른 국가적 영조물인 환구단(圜丘壇)이 추가되었다. 환구단은 황제가 하늘의 신[天帝]에게 제사를 지내는 단이다. 그러므로 원칙적으로는 황제의 나라에서 의례를 행하는 장소인 것이다. 그럼에도 우리나라에서 '환구제(圜丘祭)'가 제도화된 것은 고려 전기 성종대로 알려진다. 천자국의 의례라기보다는 기우제(祈雨祭) 등을 지낼 때 방편으로 행한 것이다. 그러나 환구단에서의 제천행사는 고려 말에 와서 폐지되었다. 명나라를 의식했기 때문이다. 조선에서도 태종 및 세조 때 임시로 환구단에서 기우제를 지낸 것 외에는 환구제를 국가적 행사로 하지 못하였다.

방치되었던 환구단의 제천행사가 차원을 달리하여 재개된 것은 고종이 황제로 즉위하면서이다. 환구단이 설치된 장소는 서울의 남서(南署) 회현방(會峴坊) 소공동계(小公洞契)였으며 완성된 환구단의 모습은 이러했다.

이전 남별궁 터전에 단을 모았는데 이름을 환구단이라고도 하고 황단(皇壇)이라고도 하는데, 역군과 장색 1천여 명이 한 달이 못 되어 거의 다 건축을 하였는데 단이 삼층이라. 맨 밑층은 장광이 영 척으로 일백사십사 척 가량인데 둥글게 돌로 쌓아 석 자 길이 높이를 쌓았고, 제 이층은 장광이 칠십이 척인데 밑층과 같이 석 자 높이를 쌓았고, 맨 위층은 장광이 삼십육 척인데 석 자 길이로 둥글게 높이를 쌓아서 올렸고, 바닥에는 모두 벽돌을 깔고 맨 밑층 가로는 둥글게 석축을 모으고 돌과 벽돌로 담을 쌓았으며, 동서남북으로 황살문을 하여 세웠는데 남문은 문이 셋이라. 이 단은 금월 십이 일에 황제폐하께서 친행하시어 거기서 백관을 거느리시고 황제 위에 나아가심을 하느님께 고하시는 예식을 행하실 터이라(『독립신문』 광무 원년 10월 12일).

규모는 작지만, 대체로 명과 청의 역대 황제가 제천행사를 하였던 북경의 환구단(자금성의 동남방에 위치한 천단(天壇)에 있다) 형태를 따른 것이었다. 환구위판과 종향위패도 조성되었다. 이전까지 남단(南壇)에서 제사를 지내온 바람(風), 구름(雲), 우레(雷), 비(雨)의 신도 모두 환구단으로 옮겨 받들었다. 아울러 사직단에서 제사지내던 국사(國社), 국직(國稷)의 신위를 태사(太社), 태직(太稷)으로 높였다.

황궁우 황제가 하늘의 신에게 제사지내던 환구단은 일제에 의해 헐리고, 현재 남아 있는 황궁우에는 태조의 신위가 모셔져 있다. 사진 대원사.

그러나 이 환구단은 일제 강점기에 헐리게 되고 대신 1914년에 그곳에 들어선 것이 대지 6천700평의 조선철도호텔이다. 한반도와 만주 침략의 길을 뚫어 가던 만철회사(滿鐵會社)에 의해 대한제국을 상징하는 영조물이 철거되고, 그곳에 새로 들어선 호텔의 이름이 '조선'이다.

호텔이 준공된 것은 9월 20일, 운영을 개시한 것은 10월 3일이며 호텔 운영은 조선철도국에서 맡았다. 광복 이후 이 호텔은 유엔군이 사용하기도 하였으며 1960년대에 한미 합작으로 신축하여 우리나라의 영빈관 구실을 하기도 하였다. 현재의 이름은 웨스틴조선호텔(The Westin Chosun Hotel)이다.

호텔 북쪽에 환구단 터의 일부가 남아 있는데 대한제국 당시에 조성된 황궁우(皇穹宇)와 세 개의 돌북[石鼓] 등이 있다. 황궁우는 천신(天神)과 지신(地神), 바람·구름·우레·비의 신의 위패를 봉안했던 3층

환구단 터의 돌북 용이 새겨진 세 개의 돌북은 제사에 쓰이는 악기를 상징하는 것으로 대한제국의 대표적인 석조예술이다. 사진 대원사.

의 목조 건물이다. 용이 새겨진 세 개의 돌북은 대한제국시대 석조예술의 대표작으로 알려져 있다.

종묘와 종묘제례

종묘는 나라의 신전이다. 민가에서 조상을 모시기 위한 신전으로 가묘(家廟)를 두는 것과 같다. 특별히 종묘라 칭한 것은 사당 중에서도 가장 높은 사당이란 뜻이다. 종묘에는 조선시대의 왕과 왕비, 추존된 왕과 왕비의 신주(神主)가 모셔져 있다. 아울러 거기에는 대한제국의 황제와 황후, 그리고 추존된 황제와 황후의 신주도 봉안되어 있다. 그러므로 종묘는 조선 왕조와 대한제국의 역대 임금, 그리고 그 부인들의 신위(神位)를 모셔 두고 제사를 올리는 곳이다.

종묘가 처음 건축된 것은 1395년이다. 전년도에 개성에서 한양으로 도읍을 옮긴 태조는 종묘를 준공하여 태묘(太廟)라 하였다. 그러나 임진왜란으로 종묘가 불타 버려 선조 때 다시 복구하였고, 이후 증축을 계속하였다.

종묘에는 정전(正殿)에 49위, 영녕전(永寧殿)에 34위의 신위가 모셔져 있다. 그 밖에 공신당(功臣堂)에 83위가 봉안되어 있다. 정전에는 중흥의 공이 있는 왕과 왕비의 신위를, 영녕전에는 태조의 선대 4조와 추존된 왕 및 왕비의 신위를 모셨다. 또 공신당에는 조준(趙浚), 하륜(河崙), 황희(黃喜), 이황(李滉), 송시열(宋時烈) 등 역대 공신의 신위를 봉안하고 있다.

종묘에 황제와 황후의 신위가 봉안된 것은 고종이 황제로 즉위하면서이다. 의례상 왕조를 개창한 제후는 4대까지 조상을 높일 수 있지만, 황제의 나라를 개창한 군주는 8대까지 높일 수 있다. 그래서 조선 왕조

종묘제례 조선 왕조와 대한제국의 역대 임금, 그리고 왕비와 황후들의 신위를 모셔 둔 종묘에서는 매년 최고의 격식으로 제사를 모시고 있다. 사진 대원사.

를 개창한 태조 이성계는 고조까지 4대의 조상을 추존하여 목조(穆祖, ?~1274년), 익조(翼祖), 도조(度祖, ?~1342년), 환조(桓祖, 1315~1360년)라 하였다. 반면 황제로 즉위한 고종은 8대까지 조상을 황제로 추존하였다. 대상은 태조 이성계와 고종의 직계 7대까지이다. 태조고황제(太祖高皇帝), 진종소황제(眞宗昭皇帝, 추존: 영조의 큰아들로 사도세자의 형이 됨), 장조의황제(莊祖懿皇帝, 추존: 영조의 아들이며 보

종묘 정전 전경 사진 대원사.

영녕전 남신문과 공신당　종묘에는 정전에 49위, 영녕전(위)에 34위의 신위가 모셔져 있으며 그 밖에 공신당(아래)에 83위가 봉안되어 있다. 사진 대원사.

통 사도세자로 부름), 정조선황제(正祖宣皇帝), 순조숙황제(純祖肅皇帝), 문조익황제(文祖翼皇帝, 추존: 순조의 큰아들), 헌종성황제(憲宗成皇帝), 철종장황제(哲宗章皇帝) 등 여덟 분이 황제로 추존되었다.

이들 왕이 황제로 추존되면서 왕비들도 자연스럽게 황후로 추존되었다. 그와 함께 고종의 비도 명성황후로 추존되어 황후의 예로 장례를 치렀다. 현재 종묘에는 조선의 역대 왕과 왕비뿐 아니라 추존된 여덟 분의 황제와 대한제국의 고종태황제(高宗太皇帝)와 순종효황제(純宗孝皇帝) 및 황후들, 그리고 황태자 영왕(英王)과 황태자비의 신위도 봉안되었다. 이들 가운데 영녕전에 모셔진 진종소황제와 장조의황제 외에는 모두 정전에 봉안되어 있다.

황제의 상징물

황제가 즉위하면서 '색깔의 혁명'이 일어났다. 국왕을 상징하는 색이 붉은색이었던 반면, 황제를 상징하는 색은 노란색이었기 때문이다. 환구단의 건물 장식은 물론 궁궐 내외의 각종 건축물이나 의복, 장식물 등에 노란색이 흔히 쓰이게 되었다. 군주의 공식 복장도 이전의 자주색이 아닌 황색의 곤룡포로 바뀌었다. 그 대신 왕이 입었던 자주색 곤룡포는 황태자에게 계승되었다.

용의 장식에도 변화가 생겼다. 황제를 상징하는 동물은 용이다. 그래서 중국 궁궐의 각종 건축물과 의상, 집기, 어보(御寶) 등에 용 장식이 자주 등장한다. 여의주를 물고 힘차게 솟는 용의 모습은 보는 이로 하여금 위압감을 느끼게 한다. 그러나 제후의 나라에서는 이러한 용 장식을 함부로 사용할 수가 없었다. 그래서 용 대신 거북 등 다른 동물로 장식하거나, 어쩌다 용으로 장식할 경우에는 중국의 양식과 차이를 두

왕손의 자적용포(紫的龍袍) 황제의 공식 복장이 황색으로 바뀌면서 자주색 곤룡포는 황태자에게 계승되었다. 궁중유물전시관 소장.

었다.

　한(漢)의 고조(高祖) 때는 제왕과 제1·2왕자만이 5조룡(五爪龍, 발가락이 다섯 개인 용)을 쓸 수 있고, 제3·4왕자는 4조룡(四爪龍, 발가락이 네 개인 용)의 용을 쓰도록 규정하였다. 이 규정이 후세에 와서 중국의 황제만이 5조룡을 쓸 수 있고, 한국의 역대 왕은 4조룡을, 일본의 왕은 3조룡을 쓰도록 규정된 것으로 전해진다. 물론 그 규정이 늘 지켜진 것 같지는 않다. 민화 등에는 다섯 발가락의 용 그림이 자유롭게 나타나기도 한다. 그럼에도 특히 중국측을 크게 의식할 수밖에 없던 시기의 정통화에서는 용의 종류에 대한 규정이 보다 엄격하게 적

근정전의 천장 중국의 황제는 5조룡. 한국의 역대 왕은 4조룡을 쓰도록 한 전래의 규정으로 볼 때 경복궁 근정전 천장의 7조룡 장식은 매우 특이한 예이다. 사진 김대벽.

용될 수밖에 없었다.

　그러나 황제가 등장하고 대한제국이 선포되면서 황제를 상징하는 용 그림도 공식적으로는 5조룡이 보편화되었다. 다만 현재 경복궁의 근정 전 천장에 7조룡의 장식이 있어 보는 이들의 궁금증을 자아낸다.

　고종이 황제가 되면서 궁중 용어 역시 황실의 용어로 바뀌었다. 조 선시대 왕의 명령인 교(敎)와 교서(敎書)를 황제의 명령인 칙(勅)과 칙서(勅書, 詔書)라 하였고, 전하(殿下), 왕비, 옥책문(玉冊文), 사 (社)와 직(稷), 즉조당(卽祚堂) 등을 폐하(陛下), 황후, 금책문(金冊 文), 태사(太社)와 태직(太稷), 태극전(太極殿) 등으로 바꾸어 불렀

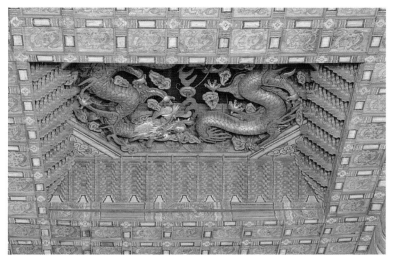

중화전 천장 경운궁의 중화전 천장 용 조각은 경복궁 근정전의 7조룡과 달라 궁금증을 자아낸다. 사진 대원사(위).
중화전 답도의 판석 경운궁의 정전인 중화전 중앙 계단의 판석에는 군주를 상징하는 쌍룡이 새겨져 있다. 사진 대원사(아래).

유제칠보향로(鍮制七寶香爐) 대한제국의 등장과 함께 황실에서 사용하는 집기에는 황실을 상징하는 오얏꽃 문양이 등장하였다. 궁중유물전시관 소장.

금책문 순종이 황제로 즉위한 이듬해에 지은 것으로 요절한 형님 완왕(完王)에 대한 애절한 심정을 적고 있다. 궁중유물전시관 소장.

다. 또한 왕세자와 왕세자빈은 황태자와 황태자비로 책봉되었다. 고종의 왕자인 장귀비 소생 강(堈)과 엄귀비 소생 은(垠)은 1900년에 각기 의왕(義王)과 영왕(英王)에 봉해졌다.

종래의 국왕과 대군주폐하가 사용하던 어새(御璽)와 어보의 장식도 모두 바뀌었다. 이전까지 조선 국왕이 사용하던 국새는 국왕이 즉위할 때 중국의 황제가 하사한 것이었다. 장식도 장수를 상징하는 거북이었다. 그러나 대한제국의 황제가 등장함으로써 중국 황제에게서 국새를 하사 받아야 할 필요도, 거북의 장식에 구속될 필요도 없어졌기 때문에 어새의 장식은 천자를 상징하는 용으로 바뀌었다.

고종이 타던 수레가 용교(龍轎)로 바뀌고, 왕에게 올리는 옥책문이 금책문으로, 오얏꽃[李花]이 황실을 상징하는 문양으로 등장하여 각종 집기를 장식했다. 나라의 각종 공문서 양식과 용어도 바뀌었다. '조선국' 혹은 '왕'과 '대군주폐하'로 된 양식이 '대한제국', '대황제폐하'로 바뀐 것이다.

대한제국의 상징물

국가마다 그 나라를 상징하는 이름과 노래, 꽃 등이 있다. 그 밖에 중요한 국가의 상징물로 국기(國旗)가 있다. 현재 대한민국에서 사용하는 국호, 국가, 국화, 국기 등은 바로 대한제국 때 만들어진 것을 계승한 것이다. 그러니까 대한제국은 대한민국의 조부격인 것이다.

한국의 국기를 태극기(太極旗)라 부르는 것은 태극 문양을 담고 있기 때문이다. 각 나라의 국기도 문양에 따라 다르게 부른다. 미국의 국기는 성조기(星條旗), 프랑스의 국기는 삼색기(三色旗), 중화인민공화국의 국기는 오성홍기(五星紅旗), 중화민국의 국기는 청천백일기(靑

天白日旗), 일본의 국기는 히노마루(日の丸)이다.

우리나라에서 처음으로 태극기가 공식적으로 사용된 것은 1882년 5월 22일 조미조약(朝美條約)이 체결되던 미국의 군함 위에서였다. 1882년 10월 박영효가 처음 사용했다고 알려져 있지만, 사실은 그보다 5개월 전에 이미 태극기가 등장했다. 그러나 당시의 국기는 4괘(四掛)가 없는 태극 문양뿐이고 흰색 바탕에 반은 청색, 반은 홍색의 태극 무늬[兩儀]만 있는 기였다. (김원모, 「조미조약 체결 연구」『동양학』22, 1992.)

오늘날의 태극기 모양이 등장한 것은 임오군란 직후 박영효가 일본에 사절로 파견될 때였다. 조선이 서양의 여러 나라와 조약을 체결할 상황이 되자 청나라에서는 용 문양을 조선의 국기로 사용하라고 권유하였다. 즉 청나라 황제의 기는 5조룡이니 4조룡의 기를 사용하라는 것이었다. 황제의 나라와 제후의 나라 조선의 종속 관계를 국기에 반영시키려 한 것이다. 그러나 조선측은 태극과 8괘의 문양을 선호하였다.

고종의 명을 받은 박영효는 타고 가던 일본 배에서 영국인 선장 제임스에게 태극기 모양에 대해 조언을 구하였다. 그 결과 복잡한 8괘 대신 4괘를 택하여 오늘날의 태극기가 등장하게 되었다. 박영효는 일본에서 그 태극기를 사용하였고, 이듬해 초(1883년) 태극기는 조선의 국기로 공식 확정되었다.

그러나 당시로서는 태극기 제작이 쉽지 않았다. 자연히 괘의 모양이나 배치가 일정하지 않은 여러 형태의 태극기가 등장하였다. 1884년 우정국(郵征局: 체신 업무를 맡아보던 관청) 낙성 축하 기념으로 발행한 우표의 모양이나『독립신문』또는 독립문 등의 태극기 문양, 고종이 외국 공사나 선교사 등에게 하사한 태극기 문양 등도 일정하지 않았다.

제국 선포 3년 뒤인 1900년 12월 8일 태극기 규정이 발표되었다. 흰 바탕에 길이 2척, 넓이 1척 8촌, 태극 7촌의 청홍색이 당시의 규정이

초기의 태극기 태극기는 1883년 국기로 공식 확정되었으나 그 모양은 일정하지 않았다. 이 태극기 역시 원형은 살아 있으나 회돌이 모양이 지금과는 많이 다르다. 『사진으로 본 백년 전의 한국』(가톨릭출판사).

었다. 그러나 대한제국의 국권이 탈취되면서 태극기는 자취를 감추게 되었다. 그 결과 해외의 독립군이 제작한 태극기나 3·1운동 당시 혹은 대한민국 임시정부에서 제작한 태극기도 원래의 태극기와는 약간씩 다른 것이 등장하였다. 이런 사정은 해방 이후까지 이어졌다. 그래서 1949년 정부에서는 국기시정위원회에서 고증한 태극기를 국기로 확정, 공표하였다. 4괘가 청색이 아닌 흑색인 점, 회돌이 모양이 정적(靜的)인 점이 1883년 당시의 '원본 태극기'와는 다르다. 북한에서도 해방 직후 태극기를 국기로 사용하였지만, 남한에서 태극기를 국기로 제정하

자 인공기를 국기로 정하였고, 나라의 꽃도 무궁화가 아닌 진달래로
바꾸었다.

독립문

아관파천 직후 정부나 백성 모두가 가장 절실히 바란 것은 국권을 굳
건히 하는 일이었다. 그런 소망의 상징물이 현재 서대문 교차로 한 켠
에 고립되어 있는 독립문(獨立門)이다.

독립문 정초식은 1896년 11월 21일 서대문 밖 영은문 터에서 5천 명
내외의 관민과 학생이 운집한 가운데 성대히 행해졌다. '독립'이라는
이름에는 과거 500년 동안의 사대 조공을 폐지해 청나라로부터 독립하
겠다는 의미가 담겨 있었다. 그러나 청나라는 청일전쟁 이후 조선에서
손을 뗀 상태였으므로 사실은 조선을 정복하려는 일본에게서, 나아가
러시아 등 구주 각국으로부터 독립하겠다는 의미였다. 『독립신문』도 그
렇게 보도하였다.

오늘 우리는 국왕이 서대문 밖의 영은문 터에 독립문을 건립할 것을 결정
한 사실을 경축한다. …… 이 문은 다만 중국으로부터 독립을 의미할 뿐 아
니라 일본, 러시아 그리고 모든 유럽 열강으로부터 독립을 의미하는 것이
다. …… 독립문이여 성공하라. 그래서 다음 세대들로 하여금 잊지 않게
하라.

독립문 낙성식은 이듬해인 1897년 11월에 이루어졌다. 꼭 일 년 만
에 건립된 것이다. 독립문은 화강암 벽돌 1천850개를 쌓아 올린 것으
로 파리의 개선문을 연상케 한다. 안에는 옥상으로 통하는 돌층계가 있

고 윗부분은 난간 형태로 장식되었으며, 거기에 좌우의 태극기 문양과 함께 '독립문'이라는 글자가 새겨져 있다.

러시아인 사바틴(Sabatin, A. I. S)이 설계를 맡고 공사는 심의석(沈宜錫, 1859~1927년)이 진행하였다고 한다. 왕실에서 1천 원(건립 기금의 5분의 1)을 하사하였고 관료와 상인, 학생 등 각계 각층의 정성과 헌금이 모아졌다. 나라를 반석 위에 올리려는 관민의 소망이 앞면의 '독립문'과 뒷면의 '獨立門' 글자에 아로새겨진 것이다.

독립문 서대문 밖 영은문 터에 세워진 독립문은 나라의 자주독립을 염원하는 대한제국의 정부 관료와 국민들의 성금으로 건립된 것이다. 사진 유남해.

장충단

　서울 중구 장충동(獎忠洞)에 위치했던 단으로, 현재는 장충단비만이
남아 있다. 장충단은 1900년(10월 27일)에 남산 기슭의 남소영(南小
營) 자리에 세운 초혼단(招魂壇)이며, 을미사변 때 전사한 홍계훈 등
장졸들의 충혼을 기리기 위한 것이었다. 그러나 일년 후부터는 을미사
변 때 순국한 이경직(李耕植, 궁내부 대신) 및 임오군란과 갑신정변 등
으로 순절한 문무 열사들을 함께 제사지냈다.

　현재 남아 있는 장충단비 앞면의 '獎忠壇' 글자는 황태자 시절의 순
종이 쓴 글씨이며, 뒷면에는 청일전쟁 직후에 전사한 무신들의 절의를
기리는 민영환의 글이 새겨져 있다.

장충단비　을미사변, 임오군란,
갑신정변 등으로 순국한 열사들을
제사지내던 장충단에는 현재 기념
비만이 남아 있다. 사진 유남해.

고종즉위사십년칭경기념비

서울시 종로구 세종로에 있는 기념비각 안의 비석[高宗卽位四十年稱慶紀念碑]으로 1902년 건립되었다. 사적 제171호이며 고종 즉위 40돌과 51세가 되어 기로소(耆老所: 나이가 많은 임금이나 연로한 고위 문신들의 예우를 위한 기구)에 입사한 일을 기념하기 위하여 세웠다. 장방형의 대리석으로 맨 위쪽에 '대한제국이황제보령망육순어극사십년칭경기념비송(大韓帝國李皇帝寶齡望六旬御極四十年稱慶記念碑頌)'이라고 쓴 글씨[篆額]가 4면에 새겨져 있다. 비의 머리 부분은 폭이 크고 높아 웅

고종즉위사십년칭경기념비전 즉위 40돌과 기로소 입사를 기념하기 위해 1902년 세종로에 세운 고종의 상징물이다. 사진 유남해.

대한 느낌을 준다. 밑바닥에는 연꽃 무늬를 새기고 앞면 가운데 아랫부분에 오얏꽃을 새겼으며, 그 양쪽에 두 마리의 용이 마주보도록 하였다.

비의 머리 부분 글씨는 황태자가 썼으며, 비문은 영의정 윤용선(尹容善, 1829~?)이 짓고 육군부장 민병석(閔丙奭, 1858~1940년)이 썼다. 그 내용은 신민의 간절한 소망과 만국의 운회(運會)에 부응하여 환구에서 하늘에 제사를 올리고, 황제에 오른 뒤 천하를 소유한 칭호를 대한이라 하며 연호를 광무라고 한 것, 1902년은 등극한 지 40년이 되고, 보령 망육순(望六旬)이 되는 해로서 기로소에 입사하게 된 것을 기념하기 위하여 이 비석을 세웠다는 것 등이다.

기념비전은 이 비를 보호하기 위하여 세운 것으로, 남쪽의 3문은 돌로 기둥을 세우고 그 사이에 철문을 달아맨 형식이다. 가운데 문 위에는 무지개 모양의 돌을 얹고 거기에 '만세문(萬歲門)'이라는 이름을 새겨 놓았다. 편액 위의 대좌에는 남쪽을 상징하는 주작(朱雀)을 놓았다. 도로원표(道路元標)는 남쪽 기단 앞에 있다. 기단 위의 난간 4면에는 방위에 따라 4신과 십이지에 해당하는 동물상을 배치하였다. 이를 기념비전이라고 이름 붙인 점, 경복궁 근정전이나 경회루, 환구단 등과 같이 아래의 단을 높이 쌓고 돌로 난간을 두른 다음 방위에 맞추어 동물 조각을 배치한 점, 경복궁 광화문 앞 대로와 종로가 교차하는 지점에 배치한 점 등은 모두 '비각'의 중요성을 보여 주는 것들이다. 대한제국의 상징이 환구단이라면 비각은 고종의 상징인 것이다.

새로운 문물의 등장

전기 보급

19세기만 해도 전기는 문명의 총아였다. 우리나라에서는 1887년, 경복궁 내의 건청궁에서 문무백관과 궁중 여인들이 운집한 가운데 처음으로 전등이 시등되었다. 에디슨이 백열전등을 발명한 지 8년 뒤였다. 전기 시설의 운영은 윌리엄 맥케이(William McKay, 미국 에디슨전기회사 소속)가 맡았다. 소규모의 자가 발전 설비가 경복궁 북쪽의 향원지 옆에 있었는데, 16촉광 750개를 점등할 수 있을 만큼 성능이 뛰어났다.

그러나 기계 돌아가는 소리가 천둥 치는 듯하였고, 발전에 사용된 향원지의 수온이 높아져 떼죽음을 당한 물고기들이 수면으로 떠오르기도 하였다. 또 당시에는 전구의 성능이 좋지 않아 그 비싼 것을 자주 갈아 끼워야 했다. 그래서 전등을 '물고기를 삶았다' 하여 '증어(蒸魚)'라고도 했고, 돈만 쓰는 건달 같다 하여 '건달화(乾達火)'라고도 했다. 음양오행설에 따르면 전기는 양(陽)이니 가뭄이 들게 하리라는 엉뚱한 우려도 있었다. 또 발전 시설은 사치이니 쓰지 말자는 '절약형' 인사의 상소도 있었다.

1898년에는 한국 최초의 전기회사인 한성전기회사가 설립되었다. 고종의 후원과 미국인 콜브란(Collbran) 등의 도움으로 이근배, 김두승두 사람이 설립한 최초의 민간기업이다. 한성전기회사는 송전 시설을이용하여 각 관공서와 일반 가정 및 사무실에 전기를 공급하였다. 1900년에는 서울 종로에 야간 전차 운행을 위한 가로등이 등장했고, 1901년에는 일본인 상가가 밀집한 진고개(충무로)에서 점등식이 행해졌다. 이 행사에는 정부 고관과 외국 사절, 상인 등 수많은 구경꾼들이모여 장관을 이루었다.

전화와 통신

한국에 처음으로 설치된 전화기는 1896년의 자석식 교환기였다. 그리고 같은 해 3월 서울과 인천 사이에 전화가 개통되어 일반인들도 전화를 사용하게 되었다.

그러나 초창기에는 통신 시설이 파괴되는 사고가 잦았다. 전선 가설과 벌목에 따른 인력 동원이 잇따르자 지방민들이 반발심으로 파괴한것이다. 그리고 의병들이 반일 활동으로 통신 시설을 망가뜨리기도 했다. 일본군이 의병을 공격하기 위해 통신 시설을 연락망으로 이용하자, 의병들이 전선을 끊고 전주를 넘어뜨린 것이다.

반면 전화의 가설로 덕을 본 일화도 있다. 청년 '김창수〔金昌洙, 후일의 백범 김구(白凡 金九, 1876~1945년)〕'는 명성황후 시해 사건으로울분에 차 있던 중, 황해도 안악 치하포(鴟河浦)에서 마주친 일본의 밀정〔육군중위 쓰치다(土田讓亮)〕을 살해하였다.

이 일로 체포된 김창수는 사형 언도를 받아 인천 감리영(監理營)에갇혀 사형 집행을 기다리고 있었다. 조정에서는 국모의 원수를 갚은 충

초기의 전화 교환기 1896년 국내에 도입된 전화기는 자석식 교환기로 교환수가 전화 회선을 손으로 접속하게 되어 있다. 사진 유남해.

한성전기회사 1898년 설립된 우리나라 최초의 전기회사로, 송전 시설을 이용해 관공서와 각 가정에 전기를 공급했다. 사진 유남해.

신이니 살려야 한다는 주장이 있었지만, 일본 공사의 압력을 피하기 어려웠다. 우여곡절 끝에 고종은 마침내 사형 집행을 중지하라는 명을 내렸다. 그러나 시간이 임박해, 전령을 인천에 보낸다면 그의 목숨은 이미 사라진 뒤일 터였다.

그때 마침 서울 - 인천 사이에 전화가 개통되었다. 사형 집행을 중지하라는 어명이 전화를 통해 인천 감리에게 즉각 전해졌고, 그 덕에 김창수는 사형 직전 가까스로 목숨을 구하였다. 이후 주위의 협조로 탈옥한 김창수는 독립운동가로서 파란만장한 일생을 보내게 된다.

교통 수단

전차

전차가 우리나라에 처음 등장한 것은 1898년의 일이다. 최초의 전차 선로는 서대문 - 종로 - 동대문 - 청량리(홍릉)에 이르는 노선이었다. 고종은 명성황후의 능(홍릉)에 자주 행차하였는데 그때마다 신하들이 가마를 타고 뒤따르면서 많은 경비가 소요되었다. 이것을 감안하여 전차 노선을 택했던 것이다.

1898년 10월 18일 공사가 시작되어 12월 25일에 완공되었으며, 1899년 5월 17일 개통되었다. 그러나 초기에는 말썽도 많았다. 전차를 운행한 지 얼마 안 되어 어린아이가 전차에 치여 죽는 불상사가 일어났다. 흥분한 시민들이 몰려들자 일본인 운전사와 차장이 달아났고, 시민들에 의해 전차는 대파되었다. 이후 전차의 운행이 재개되기는 하였지만, 여전히 골머리를 앓아야 했다.

사람들이 담배를 피우며 레일을 깔고 앉아 있거나 레일을 목침삼아 낮잠을 즐기기도 하였다. 고민 끝에 전차 앞머리에 쓰레받기 같은 그물

전차 사고를 막기 위해 전차 앞에 쓰레받기처럼 생긴 그물을 달고 운행하기도 했다. 『사진으로 본 백년 전의 한국』(가톨릭출판사).

을 달고 운행하는 방법을 고안해냈다. 이후 1969년에 철거되기까지 근 70여 년 동안 전차는 서울과 부산, 평양의 명물로서 대중교통의 중요한 몫을 담당하였다.

철도

우리나라 최초의 철도는 일본에 의해 건설된 경인철도이다. 원래는 미국인 모스(Morse, J. R.)가 부설권을 갖고 있었으나, 일본측에 이를 190만 원에 팔아 넘겼다(1899년 1월).

경인철도는 1900년 7월 초, 한강철교가 준공되면서 서울 - 인천의 모든 구간이 개통되었고, 그해 11월에 경인철도의 개통식이 있었다. 경인철도회사의 자본금은 72만 5천 원, 사장은 시부자와 에이치(澁澤榮一)였다.

1960년대 후반에 착공된 경부고속도로는 한국의 경제 건설과 근대화

과정에서 대동맥 구실을 톡톡히 하였지만, 일제하의 경인철도와 여타의 교통망은 일제의 침략과 수탈을 위한 대동맥 구실을 하였다.

자동차

승용차가 우리나라에 처음으로 들어온 것은 1900년 9월 30일, 경인철도회사의 주선에 의한 것이었다. 이를 처음 탄 주인공은 물론 고종과 순종이었다. 1911년에는 이왕직(李王職)과 총독부에서 미국산 포드형 승용차를 각각 한 대씩 구입하였다. 이왕직에서 구입한 승용차는 고종이 탔다. 고종의 차는 윗덮개가 없고 앞바퀴가 뒷바퀴보다 큰 가솔린 차였고, 순종의 차는 미국산 캐딜락이었다. 최초의 운전사였던 윤권은 이탈리아 대사관에서 운전 기술을 익힌 뒤 황실의 승용차를 운전하였다.

그러나 자동차는 일반에게 널리 보급되지는 않았다. 일부 부유층이

순종의 승용차 미국 제너럴 모터스에서 제작한 캐딜락으로 고종의 자동차와 함께 이왕직과 총독부에서 구입한 최초의 승용차이다. 사진 김대벽.

나 특수층 사람들은 비싼 요금을 내고 영업용 승용차를 이용하였으며, 대다수 상류층은 인력거(1911년 당시 1천217대)를, 서울의 서민들은 주로 전차를 탔다. 승용차가 상류층에 널리 보급되지 못한 것은 도로 사정이 좋지 않았기 때문이다. 1917년 한강에 인도교가 준공되자 승용차가 조금 증가하여 1918년에는 21대가 되었다. 이후 전국 도로의 신설, 확장에 따라 승용차를 포함한 자동차 수가 증가하였다. 1919년에 자동차 4천535대, 1945년에 7천326대였다.

현재 국내에는 고종과 순종의 전용 승용차가 보관되어 있다. 고종은 승용차를 거의 타지 않았기 때문에 부품이 온전하여, 현재도 수리하면 탈 수 있을 정도라고 한다. 이 차종으로는 세계에서 유일하게 원형이 잘 보존되어 있는 경우이기도 하다.

최초의 서양식 호텔, 손탁호텔

손탁(Sontag, 1854~1925년)은 알사스 로렌에서 태어난 프랑스계 독일인이다. 『윤치호 일기』에 의하면 러시아공사 웨베르(Karl Ivanovich Waeber, 주한 러시아 대리공사 겸 총영사)의 처남의 처제(妻弟)이다. 1885년 8월 28일 웨베르가 부임할 때 그녀도 함께 한국에 왔다.

웨베르가 부임할 당시 러시아 정부는 그에게 '가급적 왕과 왕비를 가까이하여 조선이 러시아에 호감을 갖고 상호 접근할 수 있도록 최선을 다하라'고 지시했다. 웨베르는 한국을 떠날 때까지 그러한 원칙에 충실했고, 웨베르의 역할을 측면에서 열심히 지원한 사람이 바로 손탁이다.

손탁은 웨베르의 주선으로 궁정에서 외국인들에게 서양식 요리와 다과를 접대하는 일을 맡았다. 자연히 궁중의 서양문화 접촉에 중요한 역할을 하였으며, 웨베르 부부가 고종 및 왕비와 접촉하는 데도 큰 역할을 하였다.

청일전쟁 직후인 1895년, 손탁은 고종과 왕비로부터 정동에 있는 왕실 소유의 땅과 집 한 채를 하사 받았다. 고종이 손탁에게 이 집을 하사한 데에는 외교적인 목적이 있었다. 실제 그 집에는 시일(John M. B. Sill, 施逸, 1894~1897년 주한 미국 공사로 재직)이나 웨베르, 앨런(Horace Newton Allen, 1853~1932년), 언더우드(Horace Grant Underwood, 1859~1916년), 아펜젤러(Henry Gerhart Appenzeller, 1858~1902년) 등 서양의 외교관들이나 선교사들과 이완용(李完用, 1856~1926년), 민영환, 윤치호, 이상재(李商在, 1850~1927년), 서재필 등 정동파 인사들이 자주 모여들면서 사교와 외교의 중심지가 되었다. 서울에 주재하는 외국인들이 1892년에 결성한 사교단체, 즉 '서울 주재 외교관 및 영사단 클럽(Cercle Diplomatique et Consulare : The Seoul Club, 1892~1903년)'이 그곳에서 모임을 갖기도 하였다.

1902년 손탁은 그 집을 헐고 2층의 양옥을 지어 호텔로 사용하였다. 2층에는 귀빈실이, 아래층에는 보통 객실과 식당이 있었다. 이것이 한국 최초의 서양식 호텔인 손탁호텔인데 러일전쟁 당시 이토와 처칠(Winston Churchill, 1874~1965년) 등이 이 호텔에서 묵었다고 한다.

손탁호텔은 1917년 이화학당에서 구입하여 교실과 기숙사로 사용하였으나 1922년 헐렸다. 호텔이 있던 자리는 정동 29번지, 이화여고의 옛 프라이 홀(Frey Hall)로 알려져 있다.

경운궁 주변의 공사관 및 영사관

경운궁과 각국 공사관 및 영사관의 배치도는 1897년 9월 앨런이 미국 정부에 발송한 공문에 첨부되어 있다.

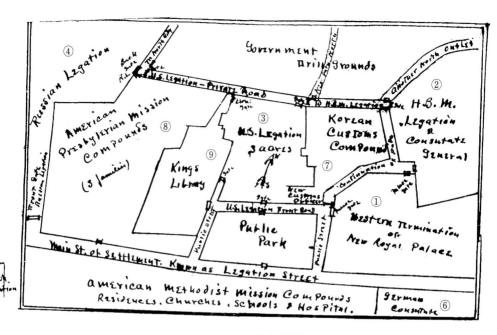

① 경운궁(덕수궁)　② 영국 공사관　③ 미국 공사관
④ 러시아 공사관　⑤ 프랑스 공사관　⑥ 독일 영사관
⑦ 한국세관　⑧ 미국 장로교 선교구　⑨ '도서관'

경운궁과 각국 공사관 및 영사관 배치도　1897년 9월 주한 미국 공사 앨런이 작성한 것이다. 각국 공사관과 영사관이 경운궁을 둘러싸고 있어 19세기 말 한국의 모습을 상징적으로 보여 주고 있다.

당시에는 러시아의 군사·재정고문 고빙(雇聘) 문제로 한국과 러시아 사이는 물론 일본, 영국, 러시아 사이에도 심각한 마찰이 지속되고 있었다. 게다가 독립협회의 반러 활동도 점차 고조되던 때였다. 그해 연말에는 독일과 러시아의 함대가 웨이하이웨이(威海衛)와 여순, 대련을 점령함으로써 동아해역에서 열강들의 심각한 충돌이 예기되었다.

고종은 이런 분위기에 다시 신변의 위기를 느끼고 미국 공사관에 피신할 것을 고려하기도 하였다. 그러나 앨런이 거절하자 고종은 과거에 앨런에게 하사한 공사관 인접 부지에 '도서관'을 지어 유사시 이용하는 것이 어떻겠는가 제안했다. 그러자 앨런은 국제적 분규에 휩쓸릴 것을 우려하면서 미국 정부에 경운궁과 주변의 각국 공사관 및 영사관 배치도를 그려 보냈다. 이 배치도를 보면 경운궁의 각 문이 각국 공사관의 문과 통할 수 있게 배치되었음을 알 수 있다. 불안했던 당시의 한국 사정을 잘 보여 주는 예라 하겠다.

명동성당

천주교는 우리나라에 들어와 정착하기까지 참으로 혹독한 시련을 겪었다. 대표적인 사건이 흥선대원군 시절의 병인사옥(丙寅邪獄)이다. 서양인 신부 아홉 명이 참형을 당했고, 6천 명 혹은 1만 명 등 현재까지 수를 정확히 헤아릴 수 없을 정도로 많은 천주교도들이 형장에서 사라졌다. '살려거든 배교를 하라'는 형리의 호통에도 그들은 '차라리 죽음을 달라'는 말로 믿음을 지켜 나갔다. 단양 연풍현 터에 흩어져 있는 '형구돌[絞首石]'이나 서울의 절두산공원이 당시를 생생히 증언하고 있다.

그런 한국의 황성(皇城)에 천주교 '종현본당(鐘峴本堂)' 건물이 우뚝 들어섰다. 오늘날의 '명동대성당(천주교 서울대교구 주교좌 성당, 중

명동성당 1898년 서울 한복판에 우뚝 솟은 이 서양식 건물은 준공 이래 많은 구경꾼이 몰려드는 장안의 명물이 되었다. 사진 유남해.

구 명동 소재)'이 그것이다.

성당이 자리잡은 곳은 명례방(明禮坊)에 있던 역관 김범우의 집터이다. 1784년(정조 8) 저 유명한 이승훈과 정약전의 3형제, 권일신 형제 등 초기의 천주교 신도들이 모여 집회를 가졌던 장소이니 천주교회로서는 유서가 깊은 곳이다.

1882년 조미조약 체결로 종교의 자유가 어느 정도 허용되자, 교구장

이던 블랑 주교(Blanc, M. J. G.)가 그 땅을 사서 공사를 시작하였다. 1892년 5월 8일 정초식을 한 뒤, 코스트(Coste, E)와 프와넬(Poisnel)이 설계와 감독을 맡아 6년 만인 1898년 5월 29일 완공되었다.

건물은 고딕식이며 본당의 색유리창은 프랑스의 한 수도원에서 제작한 것이다. 종탑 높이는 47미터, 건평 427평이다. 흥선대원군의 극심한 천주교 박해가 있은 지 불과 30년 만에 서울시와 황궁을 굽어볼 정도로 높은 성당 건물이 들어선 것이다.

흥선대원군은 바로 그해 2월 22일 운현궁에서 별세하였다. 독실한 신자였던 그의 부인(여흥부대부인, 민 마리아)은 흥선대원군이 운명하기 한 달 전, 뮈텔 주교에게 남편의 영혼을 구제해 달라는 간절한 부탁을 남겼다. 어떻든 '뾰죽집'은 준공 이래 많은 구경꾼이 몰려드는 장안의 명물이 되었다. 이후 한 세기 동안 명동성당은 격동하는 한국의 역사를 묵묵히 지켜보아 왔다.

언론과 단체

독립신문의 창간 배경

청일전쟁 이후 근 일 년 반 동안 조선 조정은 일본의 거듭된 왕궁 유린으로 참담하기 그지없었다. 조선의 조정이 가까스로 안정을 되찾은 것은 고종이 러시아 공사관으로 피신한 직후였다. 그러나 어디까지나 찻잔 속의 안정이었다.

약육강식의 시대에 군주가 타국 공사관에 피신해 있으니 언제 무슨 일이 생길지 알 수 없었다. 하루라도 빨리 환궁하여 나라의 기초를 든든히 하자는 마음은 군주나 백성이나 다를 게 없었다. 그래서 아관파천 초기에는 고종과 대신, 지식인과 도시민 모두 부국강병을 절실히 원했

서재필 우리나라 최초의 민간 신문인 『독립신문』의 발간인이자 주필로서 수많은 명논설을 남겼다. 『사진으로 보는 독립운동(상)』(서문당).

고 기필코 이루어야 한다는 생각에 하나가 되었다. 그러한 의식을 한껏 고양시킨 것이 바로 『독립신문』이다.

　『독립신문』과 독립협회가 등장하는 데 핵심 역할을 한 인물은 서재필이다. 갑신정변의 실패로 망명중이던 서재필이 대역부도죄(大逆不道罪)를 사면 받은 것은 1895년 3월 1일의 일이다. 형식상은 김홍집 내각의 결정에 따른 것이었다. 신식학문을 익힌 서재필을 통해 개화파의 기반도 강화하고 내정도 혁신해 보고자 한 것이다. 그런데 당시는 일본 공사가 조선의 식민지화를 추진하던 때였으니, 지일인사(知日人士)를 이용하려는 일본의 의도도 있었다.

　서울에 온 서재필은 관직에 들어가는 대신 권력의 외곽에서 언론 활동을 하고자 하였다. 내부대신 유길준(兪吉濬, 1856~1914년) 등이 그 계획에 적극 호응하면서 신문 발간 사업이 추진되었다.

　당시 서울에는 1894년 2월 창간된 『한성신보(漢城新報)』라는 일본

신문이 간행되고 있었다. 그 신문은 일본의 침략 정책과 일본 거류민의 이익을 옹호하며 조선에 대해 왜곡된 기사를 양산하고 있었다. 명성황후가 비극적인 최후를 맞던 그날 사건 현장에 투입되었던 아다치 겐죠(安達謙藏)는 『한성신보』의 사장이며, 기쿠치 겐죠(菊池謙讓), 고바야카와 히데오(小早川秀雄) 등도 그 신문사 기자였다.

신문 사업의 내막에는 그 같은 『한성신보』에 맞대응하자는 의미도 있었다. 일본의 촉각이 곤두설 수밖에 없었다. 일본 공사 고무라 쥬타로(小村壽太郎)는 서재필과 유길준을 위협하여 신문 발간 사업을 포기하도록 하였다. 일본의 방해 공작으로 신문 발간은 중지되거나 『한성신보』에 흡수될 상황이었다.

다행히도 얼마 후의 사태가 신문 발간을 순조롭게 하였다. 아관파천이 그것이다.

독립신문과 독립협회

현재의 '신문의 날'은 『독립신문』 창간일에서 유래한 것이다. 『독립신문』은 아관파천 2개월 뒤인 1896년 4월 7일에 창간되었다. 서재필은 주필로서 국문판 논설과 영문판 사설을 담당하였다. 서재필은 우려와 달리 추방되기 전까지는 어느 정도 성조기(星條旗)의 보호를 받았고, 한국의 관민은 그의 명논설을 환영하였다. 주시경(周時經, 1876~1914년)은 조필로서 국문판의 편집과 제작을 담당하였다. 서재필이 정부와의 마찰로 추방(1898년 봄)된 뒤에는 윤치호가, 독립협회 해산 이후에는 아펜젤러, 킴벌리 등이 주필을 담당하였다. 킴벌리를 제외하면 주필, 조필 모두 쟁쟁한 인사들이었다.

『독립신문』이 창간호(1896년 4월 7일)에서 밝힌 취지는 첫째가 공정한 보도, 둘째가 한글 전용, 셋째가 정부 감시이며, 넷째가 인민 계몽, 다섯째가 군주와 백성을 위한다는 것 등이었다. 그로부터 폐간(1899년

『독립신문』 1896년 4월 7일 창간호를 낸 후 1899년 12월 4일 폐간될 때까지 3년 8개월 동안 언론의 사명을 톡톡히 하였다. 『사진으로 보는 독립운동(상)』(서문당).

12월 4일)될 때까지 『독립신문』은 근 3년 8개월 동안 정치, 경제, 사회, 문화, 교육 등 각 방면에 걸쳐 수많은 명논설을 남겼다.

　백성의 직무는 정부가 애군애민하는 정부인지 아닌지 살피고 감독하는 것이요(1898년 1월 11일).

　국민을 위하여 일하는 사람은 전국 인민이 …… 목숨까지 내버려 가면서라도 그 사람을 붙잡아야 하고 국민을 해롭게 하는 자는 …… 목숨을 내버려 가면서라도 그놈을 법률로 다스리게 하는 것이 직무라(1898년 3월 3일).

　『독립신문』은 언론의 사명을 톡톡히 하였으며 창간 당시의 원칙을 충실히 지켰다. 비판 대상이 변하면서 논조도 변하였지만, 정부와 백성의 공정한 매체 역할을 한다는 방침은 대체로 유지되었다. 『독립신문』은 언론의 정신과 원칙에 충실했다는 점에서 오늘날의 어느 신문과 비교해도 손색이 없다. 게다가 한글 전용으로 우리말의 발전과 보급에 지대한 공헌을 하였다.

발간된 지 3개월 뒤인 1896년 7월 2일, 서울에서는 독립협회가 결성되었다. 독립협회는 정동클럽을 모태로 하고 있었다. 정동클럽은 고종과 왕비의 후원 아래 서울 주재 서양 외교관과 선교사들, 조정의 고위 관리들이 친목을 표방하여 설립된 모임이었다. 내막인즉 일본의 조선 지배 기도에 대하여 고종과 왕비가 궁정 외교 차원에서 결성시킨 반일적 사교단체였다. 주요 회원도 민영환, 윤치호, 이상재, 서재필, 이완용 등과 미국 공사 시일, 프랑스 영사 플랑시, 미국인 고문 르젠드르, 미국인 교관 다이, 그리고 선교사인 언더우드와 아펜젤러 등 내외의 저명 인사들이었다.

그래서 출범 당시의 독립협회는 『독립신문』과 유사한 성격을 지녔다. 관의 후원을 입고 등장한 것이나 '독립'을 표방한 점 등이 그러하다. 독립협회는 이후 1898년 12월까지 약 30개월 동안 한국의 대표적인 정치 단체로 활약하였다.

독립협회의 활동은 세 가지 방향으로 펼쳐졌다. 나라의 자주권을 지키자(자주 독립), 인민의 자유와 평등권을 확립하자(자유 민권), 내정을 혁신하여 부강한 나라를 만들자(자강 개혁)는 것이 그것이다.

초기에 독립협회나 『독립신문』의 비판 대상은 주로 일본이었다. 조정과 재야 모두가 가장 지탄해 마지않던 것도 일본이다. 그러나 환궁 이후 점차 비판 대상이 러시아로 바뀌었다. 일본측의 선동도 있었고 러시아측도 비난받을 일을 저질렀다. 러시아측은 고종을 환궁시키고 보니 예상과 달리 조선을 다루기가 쉽지 않았다. 이때 태풍의 눈처럼 대두된 것이 러시아의 군사교관과 재정고문 초빙 문제였다. 이것은 한국의 군사권과 재정권이 관련된 중요한 문제였다. 그래서 일본 및 영국과도 시비가 벌어졌다. 한반도의 군사 전략적 중요성 때문이다.

이때 독립협회는 러시아를 성토하였다. 영국과 일본을 응원한 셈이다. 영국이나 일본, 미국측 모두 독립협회가 러시아를 성토해 주기를 바란 것도 사실이다. 그래서 독립협회는 매국 매족적인 친일·친미 단체라고 오해받기도 했다. 그러나 이것은 사정을 잘 모르는 이야기이다. 한러관계는 아관파천 당시와 환궁 이후가 같지 않았다. 환궁 이후 러시아는 재정 지원을 하지 않으면서 한국의 군사와 재정권만 장악하려 했다. 고종과 대신들은 러시아도 일본과 마찬가지로 침략적이라 생각하게 되었다. 이때 독립협회가 러시아를 성토하도록 은밀히 종용한 것은 바로 고종이었다.

독립협회의 활동에 일부 오해를 살 만한 부분이 없지는 않았다. 독립협회 활동은 초기에 계몽이 중심이었지만, 점차 관료의 부패와 실정을 비판하고 국민의 권리를 강조하게 된다. 결국 민권운동이 전개되고, 의회 설립 운동이 전개되면서 정부 관료가 대거 이탈하였다. 민권의 확대나 의회의 설립은 역사의 대세였지만, 당시의 현실에서는 급진적이라 하여 협회에서도 논란이 많았다. 그러나 단기적 대세는 대개 급진파가 장악하게 마련이다. 이후 서울 한복판에서 전개된 독립협회와 정부의 지원을 받은 황국협회의 실력 대결은 참으로 답답한 광경이었다.

그 와중에 '박영효 일파'란 자들이 독립협회를 넘나들며 시위를 선동하였고, 일본 공사 등은 이를 빌미로 정부의 독립협회 탄압을 은근히 조장하였다. 박영효 일파가 고종의 퇴위를 꾀했다는 황당한 설(?)도 그러한 배경에서 나온 것이다.

출처를 알 수 없는 괴벽보도 나돌았다. 고종을 축출하고 공화국을 세워 박정양이 대통령, 윤치호가 부통령이 될 것이라는 내용이었다. 독립협회로서는 치명적인 타격이었다. 정부측의 조작 같기도 했지만 확인할 길은 없었다. 일본측의 음모가 작용하였을 개연성도 충분했다. 독립협회는 장래 일본의 대한 침략 정책에 방해가 될 것이 분명했기 때문이다.

누군가가 조작한 사건 하나로 기반이 흔들릴 만큼 나라는 취약했다. 당초 정부가 『독립신문』 발간과 독립협회의 활동을 후원한 것은 적절한 조치였다. 외세에 시달린 저간의 경험에 비추어 여론 환기가 중요함을 깨닫고, 늦게나마 정부에서 언론 대책을 취한 것이다. 정부는 대외 문제로 난항을 겪을 때 독립협회를 내세웠고, 독립협회도 정부에 대한 지원을 아끼지 않았다. 그러나 정치 체제의 문제로 관계가 틀어졌다. 독립협회는 군권과 관권의 축소를 주장했지만 관료들은 이를 꺼렸다. 성급한 독립협회의 젊은 회원들이 펄펄 뛰었고, 그러다 얼굴 없는 자들의 선동에 쉽게 휘말렸다. 독립협회는 강제로 해산되었고 수년 뒤 고종은 이를 후회하였다.

황성신문과 제국신문

『독립신문』 폐간을 전후하여 그 역할을 대신한 두 신문이 바로 『황성신문(皇城新聞)』과 『제국신문(帝國新聞)』이다. 『황성신문』을 창간한 사람은 남궁억(南宮檍, 1863~1939년)과 나수연(羅壽淵, 1861~1926년) 등이다. 『대한황성신문』(전신은 『경성신문』)의 판권을 인수해서 제목을 바꾼 것이다. 『독립신문』 및 『제국신문』과 가장 큰 차이점은 한문을 전용한다는 점이다. 그러니까 『황성신문』은 일간지로서 한문을 아는 중류층 이상의 지식인을 독자로 정한 것이다. 1898년부터 1910년까지 유근(柳瑾, 1861~1921년), 박은식, 장지연 등 쟁쟁한 인물들이 주필을 역임하며, 민족의식 고취와 국민 계몽에 선구적 공헌을 하였다.

한글 전용의 『제국신문』은 1898년 8월 8일 창간되었다. 처음에는 2천여 부를 발행하다가 며칠 후 3천 부를 발행하였다. 이 신문은 문명하고 진보한 것, 국민을 계몽시키고 앞날을 가르쳐 주는 것에 목표를 두었다. 개화의 수단으로서 신문만한 것이 없다고 보았기 때문이다. '오

『제국신문』 국민을 계몽, 개화시키는 역할을 한 『제국신문』은 특히 여성의 지위 향상에 관심을 쏟았다. 그래서 국·한문 혼용체로 남성 독자층이 많은 『황성신문』은 '숫신문', 언문으로 된 『제국신문』은 '암신문'이라고도 불렸다. 사진 유남해.

늘에 이르러 봉건의식을 탈피하고 새마을 정신〔新村精神〕을 특별히 내세우는 것은 먼저 정신을 개조하고 그 다음에 물질의 풍요가 따라야 하기 때문'이라 하였다. 학부대신 조병호(趙秉鎬, 1847~1910년)도 신문 발간에 힘써 협조하였으니, 제국이란 제호는 대한제국의 발전이 더 한층 크게 이루어질 것을 기원한 것이다.

　『제국신문』은 특히 여성의 지위 향상에 주력하여 첩과 기생, 창녀, 작부 등에게도 관심을 쏟았으니 그 자체가 큰 특색이었다. 1910년 폐간될 때까지 이승만(李承晚, 1875~1965년), 정운복, 박정동, 이인직(李人稙, 1862~1916년), 이해조(李海朝, 1869~1927년) 등이 주필과 조필로 활동하였다.

황궁과 황실

경운궁

현재 서울에는 경복궁, 창덕궁, 창경궁, 경운궁(덕수궁) 등 일반에게 잘 알려진 네 개의 궁이 있다. 경희궁 등도 있었지만 원래의 모습을 거의 잃어버려 실질적으로 남아 있는 것은 네 개의 궁궐뿐이다.

이 가운데 대한제국 고종황제가 정사를 폈던 곳은 경운궁이고, 순종황제가 머물던 곳은 창덕궁이다. 경운궁은 경복궁에 비해 규모는 작지만 대한제국이 선포된 이후 많은 전각이 들어서면서 점차 궁궐로서 손색없는 면모를 갖추어 갔다. 그러나 연이은 화재와 절단으로 두 궁 모두 본래의 모습을 크게 상실한 채 일부의 전각만이 보존되어 있다. 경운궁은 명례궁(明禮宮)이라고도 불렀으며, 고종황제 시대에 정치와 외교의 중심 무대였다. 경운궁이 대한제국 역사의 중심 무대가 된 것은 고종이 러시아 공사관에서 그곳으로 거처를 옮기면서부터이다.

고종이 경운궁을 택한 첫번째 이유는 신변에 대해 불안을 느꼈기 때문이다. 청일전쟁 직전 일본군은 경복궁을 기습하여 조선 조정을 붕괴시켰고 고종과 대신들을 연금하였다. 이듬해에는 재차 경복궁에 침입

경운궁과 영국 대사관 고종이 경복궁에서 경운궁으로 옮긴 이유는 주변에 각국 공사관과
영사관이 많아 유사시에 대비하기 쉬울 것이라는 판단 때문이었다. 사진 대원사.

하여 왕비를 시해하였다. 한국군의 낡은 장비와 병력으로는 거듭된 일본군의 '도둑 같은 습격'을 막을 수가 없었다. 열국 공사관도 경복궁에서 떨어져 있어 유사시 그들의 지원을 구하기도 어려웠다. 반면 경운궁은 적은 병력으로 방어하기에 유리했고 러시아, 미국, 영국, 프랑스 등 각국 공사관이 이웃해 있어 비상시 대처하기에 유리하였다.

두 번째 이유는 고종의 어두운 기억 때문이다. 경복궁은 고종과 황태자에게 '지옥 같은 기억'을 떠올리게 하는 장소였다. 30년 가까이 고종과 고락을 함께한 왕비가 경복궁에서 일본군과 낭인배들에게 피살되고 그 시신이 불태워지는 등 그야말로 참혹한 최후를 맞았기 때문이다. 고종은 그런 비극의 현장에서 떠나고 싶었던 것이다. 고종이 500년 왕조의 정궁인 경복궁을 마다하고 경운궁으로 옮겨 가 대한제국을 선포한 것도 그런 이유 때문이다.

경운궁이 궁으로서 모양새를 갖추게 된 것은 아관파천 이후이다. 고종은 러시아 공사관을 떠나기 전부터 경운궁을 대대적으로 보수하라는 명을 내렸다. 그래서 궁의 담벽도 보수하고 시야를 가리는 궁 앞의 가옥들을 철거하였으며, 도로도 확장하였다. 그것은 사실 단순한 보수와 정비가 아니라 외부의 공격에 대비한 방어 시설을 구축하는 작업이었다. 군주의 안전은 물론 국가의 안위가 걸린 공사였던 것이다. 이후 경운궁과 러시아 공사관 사이에는 지하 비밀통로가 개통되었다고 한다. 그러나 현재는 비밀통로로 추정되는 정관헌(靜觀軒)의 뒤쪽이 막혀 있어 내부를 확인해 볼 길이 없다.

경운궁의 대화재

현존하는 경운궁 건물 중 대부분은 1900년대에 지어진 것이다. 대화재가 거듭되어 경운궁의 많은 전각들이 불타 버렸기 때문이다. 1900년과 1901년의 연이은 화재로 선원전(璿源殿)과 수옥헌(漱玉軒)이 소실

경운궁의 옛 모습 덕수궁은 원래 규모가 작은 궁궐이었지만 거듭된 화재와 중건으로 인해 현재의 모습과 옛 모습에 많은 차이가 있다. 『사진으로 보는 조선시대(속)』(서문당).

되었고, 1904년 4월의 대화재로 함녕전(咸寧殿)을 비롯한 중화전(中和殿)과 즉조당(卽祚堂), 석어당(昔御堂), 경효전(景孝殿) 등 중요한 전각들이 순식간에 소실되었다. 함녕전의 아궁이에서 시작된 불이 정전인 중화전과 선조 이래 행궁의 중심 전각이었던 즉조당 등으로 번져 모두 불타 버렸다. 특별한 목적으로 황제의 침실에 비밀리에 보관해 두었던 금고 속의 금궤·은궤가 녹아 내리고, 거액의 일본 지폐가 재로 변했으며, 궁중에 보관중이던 문부, 서책, 부기 등 전래의 서류와 금보(金寶), 화물(畵物) 등도 이때 모두 소실되었다.

이 사건은 '의문의 대화재'였다. 일본 공사와 신하들은 고종황제에게 다른 궁궐(창덕궁 또는 경복궁)로 거처를 옮길 것을 진언하였다. 그러나 고종은 응하지 않았다. 대신 전각의 중건을 결심하고 기한을 정하여 착수하도록 명하였다. 그 결과 1905년과 1906년에 걸쳐 대부분의 전각이 복원되었다. 현재 우리가 볼 수 있는 경운궁의 대한문(大漢門), 중화문(中和門), 중화전, 광명문(光明門), 즉조당, 준명전, 석어당, 함녕전 등은 대부분 이때 재건된 것이다.

화재가 발생한 시점은 러일전쟁을 도발한 일본이 한국 정부에 강요하여 한일의정서(1904년 2월 13일)를 체결한 지 불과 두 달 뒤였다. 게다가 서로 떨어져 있던 여러 전각이 일시에 소실된 점도 의심스러운 일이었다. 앞서도 경운궁에서 거듭 화재가 발생한 일이 있었으니, 황제가 거처하는 지엄한 곳에서 '부주의'로 거듭 화재가 난 것은 상식적으로 이해가 되지 않는 일이었다. 고의적인 방화로도 보였다. 일본인들의 소행이 아닌가 의심이 갔지만 어디까지나 추측이었다.

그러나 최근 발굴된 러시아측 자료는 경운궁의 화재가 일본의 음모에 의한 방화였음을 밝혀 주고 있다. 방화의 목적은 '고종황제를 서궁(西宮, 경운궁)에서 축출하여 옛 궁(경복궁)으로 옮겨 가도록 하기 위한 것이며, 만일의 경우 고종이 다른 나라 공사관으로 피신하여 일본의 한국 병탄 작업에 차질을 빚을까 하여 꾸민 음모였다'는 것이다. 이 내용은 고종황제가 본국으로 돌아가던 주한 프랑스 공사 폰테테를 통해, 1904년 7월 1일자로 러시아 황제 니콜라이 2세에게 보낸 비밀 서한에 들어 있다. 그 서한에서 고종은 러일전쟁 직후 일본이 자행한 만행을 폭로하고, 러시아 황제의 보호와 지원을 요청하고 있다.

대한문

대한문은 현재 경운궁의 정문으로 쓰이고 있다. 대한문의 원래 이름은 대안문(大安門)이었으나 1904년의 대화재 이후 문을 수리하면서 이름도 그렇게 바꾸었다. 그때 원래의 경운궁 정문이었던 남쪽의 인화문(仁化門)을 없애고, 그 자리에는 건극문(建極門)을 만들었다. 이후 동문인 대한문 앞에 광장을 조성하여 그 앞을 중심으로 부채꼴로 펼쳐져 있는 오늘날 도로 모습의 원형을 이루었다.

대한문의 현판은 남정철(南廷哲, 당시 궁내부 특진관)의 글씨이다.

대안문을 대한문으로 개칭한 경위에 대해서는 설이 분분하다. 대한제
국이 한, 당, 송, 명으로 이어지는 '한(漢) 문명'의 부흥을 내세운 것
과 연관이 있다고도 하고, 궁에 화재가 빈발하니 문의 이름을 물[水]이
들어간 글자로 고쳐 화마(火魔)를 막는다는 뜻으로 썼다는 설도 있다.

그런가 하면 대안문의 '안(安)' 자가 여자가 갓을 쓰고 다니는 형상
이어서 고쳤다는 설도 있다. 즉 이토의 수양딸 배정자가 일본의 앞잡이
노릇을 하며 궁을 드나들었는데, 안(安) 자가 마치 그녀를 연상시켜 보
기 싫어 그랬다는 것이다. 그 밖의 설로는 이토 히로부미가 고종과 대
한제국을 조롱하기 위해 통감부에서 '놈(漢)' 자로 고쳤다고도 하나 미
덥지 않다.

중화전과 일월오악도

경운궁의 중심이 되는 전각(正殿)인 중화전은 황제가 정령을 반포하

중화전의 일월오악도 중화전
의 용상 뒤에 있는 일월오악
도는 자손 만대까지 오래도록
번창하라는 국가관의 투영이
자 황실의 권위를 나타낸 것
이다. 사진 대원사.

고 신하들의 조하(朝賀)를 받던 장소이다. 그러니까 경복궁의 근정전과 같은 기능을 하던 곳이다. 중화전은 환구단, 고종즉위사십년칭경기념비전과 함께 대한제국 시대의 대표적 목조 건축으로 알려져 있다. 원래는 궁내의 즉조당을 정전으로 사용하다가 1902년 경운궁 중건시 2층의 중화전을 지어 정전으로 사용하였다. 그러나 1904년에 대화재가 발생하여 소실되었다.

현재의 건물은 1904년부터 1905년 사이에 중건된 것으로 원래 2층이던 중화전과 달리 1층이다. 중화전 남쪽 계단 앞뜰의 좌우에는 품계석(品階石)이 열두 개씩 배열되어 있다.

일월오악도(日月五嶽圖)는 중화전의 용상 뒤에 걸린 그림으로 중화전 안을 들여다볼 때 정면으로 바라다보인다. 임금을 상징하는 자연물은 해나 용이다. 그래서 조선시대 임금의 용상 뒤에는 일월오악도가 장식되었다.

그림의 하늘에 떠 있는 붉은 해와 흰 달은 각각 왕과 왕비를 상징하며, 다섯 개의 봉우리로 표현된 산〔五峯山〕은 중국 전설에 나오는 이 세상에서 가장 높고 성스럽다는 곤륜산(崑崙山)이다. 역시 임금을 상징한다. 일월오악도의 해, 달, 솔, 물 등은 천계, 지계, 생물계의 영원한 생명력의 상징으로 여러 신의 보호를 받아 자손 만대까지 오래도록 번창하라는 국가관의 투영이며 왕(황)실의 권위를 나타낸 것이다.

고종이 정전으로 사용하던 경운궁 즉조당 사진 대원사.

준명당 외국 사신을 접견하던 내전으로, 복도와 난간이 즉조당과 연결되어 있다. 사진 대원사(옆).

함녕전 고종이 침전으로 사용하던 곳이자 1919년 의문에 싸여 붕어한 곳이다. 사진 대원사(아래).

즉조당

한때는 중화전의 기능을 담당하며 태극전. 혹은 중화전이라고도 불렸던 건물이다.

원래 즉조당은 왕이 즉위식을 행하는 곳이다. 이 건물에 즉조당이라는 명칭이 붙은 것은 임진왜란 이후이다. 피난 갔던 선조가 돌아와 머물렀고, 1623년(인조 즉위년) 반정(反正)으로 왕위에 오른 인조가 즉위한 뒤부터 즉조당이라 하였다.

1897년 고종이 경운궁으로 옮겨 온 뒤 정전으로 사용하였다. 이때 태극전. 중화전 등으로 명칭이 바뀌었으나 1902년 정전인 중화전이 건립된 뒤부터 다시 즉조당으로 불리게 되었다. 현재의 건물은 1904년 화재로 불탄 것을 같은 해 3월 중건한 것이다. 1907년부터 1911년까지는 고종황제의 후비인 엄비가 거처하였다. 현재 즉조당의 현관 처마 밑에는 즉조당. 대청 앞 기둥 위쪽에는 경운궁이라고 쓴 현판이 어색하게 걸려 있다.

함녕전과 준명당

함녕전은 고종황제가 침전으로 쓰던 곳이다. 1897년 건축되었으나 1904년 경운궁의 대화재 당시 소실되었다. 당시 궁에서 맨 먼저 발화한 곳이 바로 이 함녕전이다.

고종의 명으로 같은 해 중건되었으며, 1919년 2월 고종은 이곳에서 붕어하였다.

준명당(浚明堂)은 1897년에 세워진 내전의 하나로 외국 사신을 접견하던 곳이다. 현재의 건물 역시 1904년의 대화재로 소실된 뒤 그해에 즉조당과 함께 다시 지은 것이다.

준명당의 복도 및 난간은 즉조당과 연결되어 있으며, 즉조당과 함께 반듯한 구조와 색채, 형태 등이 조화롭게 균형을 이루고 있다.

창덕궁

서울시 종로구 와룡동에 위치한 조선 및 대한제국의 궁이다. 경운궁이 고종황제 시대에 대한제국 역사의 무대였다면, 창덕궁은 순종황제 시대에 대한제국 역사의 무대가 된 곳이다.

순종은 황제에 즉위한 뒤에도 한동안은 고종과 함께 경운궁에 머물렀으나 얼마 후 창덕궁으로 거처를 옮겨야 했다. 일본이 고종과 순종의 접촉을 막기 위해 취한 조치였다 한다. 순종은 그곳에서 만년을 보냈고 1926년 대조전에서 붕어하였다.

창덕궁은 창경궁과 함께 경복궁의 동쪽에 있다 하여 '동궐'로도 불렸다. 1405년(태종 5) 완성된 이래 다른 궁궐과 마찬가지로 화재로 인한 소실과 중건이 거듭되었다. 대체로 임진왜란, 인조반정, 일제하 당시 대화재가 발생하였으나, 가장 심각한 피해를 본 것은 임진왜란 때였다. 당시 조선의 3대 궁궐인 창덕궁, 경복궁, 창경궁이 모두 소실되었다.

1912년에는 창경궁과 함께 창덕궁의 인정전(仁政殿)과 후원(後苑)이 일반에게 개방되어 관람이 허가되었다. 창덕궁의 정문인 돈화문(敦化門)은 현존하는 창덕궁 내의 건물 중 가장 오래된 것으로, 광해군 때 재건된 것이다. 궁의 정전인 인정전은 영조 때(1804년) 재건된 것이다. 내전의 정침(正寢)인 대조전(大造殿)은 주변 전각과 함께 거듭 화재를 당하

창덕궁 희정문 사진 대원사.

대조전 내전의 정침으로 주변 전각과 함께 여러 차례 화재를 입었으며, 창덕궁에 유폐되어 있던 순종이 붕어한 곳이다. 사진 대원사.

였다. 가장 최근의 화재는 1917년에 발생하였고, 그 2년 뒤에 중건되었다. 창덕궁의 후원은 금원(禁苑)이라고도 하며 비원(秘苑)으로 잘 알려져 있다.

창덕궁의 낙선재(樂善齋)는 조선 헌종 때 지은 500여 칸의 건물이다. 헌종이 사랑한 순화궁 김씨(順和宮 金氏)를 위해 지은 것이다. 낙선재가 일반인에게 널리 알려지게 된 것은 근래의 일이다. 순종의 사후에는 순종의 후비 순정효황후 윤씨가 거처하였고, 영왕의 비인 이방자 여사도 해방 후 그곳에 기거하였다. 1966년 순정효황후가 그곳에서 운명하였다.

낙선재는 한때 많은 한글 소설의 소장처로 유명하였다. 순정효황후는 순종의 삼년상을 마치고 1928년 그곳으로 거처를 옮겼는데, 이때 그의 측근과 상궁, 나인들이 함께 옮겼다. 이후 윤비와 상궁, 나인들은 무료한 시간을 달래기 위해 한글 소설을 즐겨 읽었고 점차 많은 책들이

낙선재 헌종이 순화궁 김씨를 위해 지은 건물이지만, 순정효황후와 이방자 여사가 거처하면서 일반에게 알려지기 시작했다. 사진 대원사.

낙선재에 쌓이게 되었다. 이들 소설은 대부분 궁체(宮體)의 단정한 글씨로 쓰여진 중편과 장편이다.

낙선재에 소장되어 있던 소설들은 이후 장서각으로 옮겨져 문화재관리국에서 관리하다가 현재는 한국정신문화연구원으로 이관되어 장서각 도서로 소장, 관리되고 있다. 이 소설들은 국문학 연구의 중요한 자료로 쓰이고 있다.

황제의 가족

흥선헌의대원왕

고종의 아버지 이하응은 호가 석파(石坡)이고, 난초를 잘 치는 것으로 유명하였다. 고종이 국왕으로 즉위하면서 흥선대원군에 봉해졌고,

1907년 대원왕(大院王)으로 추봉되었다. 고종이 어린 나이에 즉위했기 때문에 초기 10년 동안 대원군이 조선의 국정을 이끌어 갔다.

대원군의 내정 운영은 역대 어느 세도가에 비해 보다라도 뛰어난 점이 있었다. 왕실의 위엄을 지나치게 높이려 한 것이 흠이었지만, 적어도 국가의 안위와 백성의 삶에 대해 그처럼 적극적으로 많은 관심을 기울인 집권자는 많지 않았다. 놀고 먹는 양반들에게 호포(戶布)를 부과한 것, 문제의 온상인 서원 철폐를 단행한 것은 500년 역사상 전무후무한 일이자 혁명적인 사건이었다. 방법상의 문제는 있었지만 국방에 심혈을 기울인 것도 가상하다.

그런데 외정(外政)이 문제였다. 대원군은 쇄국정책(鎖國政策)을 택하였다. 프랑스와 미국의 함대가 거듭 내침하였지만, 대원군은 나라의 문호를 굳게 닫아걸었다. 침략에 대한 대응이었으니 나름대로 이유는 있었다. 그러나 저들의 정체를 알아보기는커녕 더 많은 천주교도들을 처형하고, 척화비를 세워 서양과는 상종도 말라는 식으로 대응하였다. 세계가 산업사회로 가면서 격동하는데, 대원군의 국가 운영은 농본사회식의 대응이었다. 안으로 민심을 결속시키고 강력한 지도력을 발휘한 것은 돋보였지만, 밖을 향해 취한 정책은 시대의 흐름을 거스른 것이었다. 그래서 그를 보수적인 개혁가라 한다.

대원군에 대한 역사적 평가도 공과가 반반이다. 역사가들은 대원군의 내정 운영을 호평하는 데 인색하지 않다. 그러나 외정에 대해서는 다르다. 세계의 흐름을 읽는 안목이 부족했기 때문이다. 대원군과 같은 결단력 있는 인물이 세계에 눈을 돌리고 패기만만한 젊은이들을 외국으로 보내 신문물을 배워 오게 하여 국가 부흥에 주력하였다면 결과가 어떠했을까. 이런 아쉬움 때문에 '대원군의 내정은 볼 만했지만 외정은 망국정책(亡國政策)'이라는 백암(白巖)의 평에 공감하게 되는 것이다.

흥선대원군 이하응 혁신적인 내정 운영에는 심혈을 기울였으나 세계의 흐름을 읽는 안목이 부족했던 것으로 평가받는다. 『사진으로 본 백년 전의 한국』(가톨릭출판사).

진위 여부를 놓고 논란이 되고 있는 명성황후의 사진(왼쪽) 『사진으로 본 백년 전의 한국』
(가톨릭출판사).
흥선대원군, 명성황후, 고종의 사진을 실은 프랑스의 한국 소개 출판물(1898년) 표지(오른쪽)
『사진으로 보는 독립운동(상)』(서문당).

＊필자는 논란이 되고 있는 왼쪽의 사진이 명성황후의 사진 중 하나일 가능성이 높다고
추정하고 있다. 왼쪽 사진과 오른쪽 사진의 여인은 동일한 머리장식과 복장을 하고 있다.
만일 오른쪽 사진의 주인공이 명성황후가 분명하다면, 왼쪽 사진의 여인도 명성황후가 분
명하다고 볼 수밖에 없기 때문이다.

명성황후

명성황후는 고종의 비이다. 나는 새도 떨어뜨린다던 대원군의 권력이 10년 만에 추락하자, 그의 강력한 지도력을 대신한 세력이 바로 왕비를 중심으로 결속된 척족 집단이었다. 물론 이때는 고종도 장성하여 국정에 대한 나름의 안목을 갖고 있었다. 척족이 아닌 여타 인물들의 활약도 주목되는 바가 없지 않았다.

그러나 고종이 참모로 활용할 만한 인물은 많지 않았다. 무난하지만 우유부단한 노대신, 패기는 있지만 국제무대에서는 미숙한 소수의 혈기방장한 젊은 재사들이었다. 그들이 바로 홍영식, 김옥균, 박영효, 서광범 등 개화당의 젊은이들이다. 이들을 장래 국가의 동량(棟樑)으로 여겨 후원한 사실은 미래를 대비한 고종의 안목을 보여 준다. 그러나 그들은 아직 어렸다.

결국 국정을 움직여 간 세력은 척족의 인물들인데, 대체로 그들의 국량은 넓지 못하였다. 가문의 부귀영화가 국가의 백년대계보다 앞선 듯했다. 물론 대외적 환경도 좋지 않았다. 그런 안팎의 요인이 겹쳐 임오군란, 갑신정변, 동학농민봉기 등이 일어났다. 이들 사태의 중심 세력은 각기 구식 군대와 서울의 영세민, 재기가 넘친 젊은 개화당 인물들, 동학도와 농민들이었다. 유생들 외에는 대개가 척족이 중심인 정부의 정책에 반대한 셈이다.

이렇게 국가관이 결여된 척족, 패기는 넘쳤지만 미숙아였던 젊은이들, 부정한 관리를 추방하자는 주장은 옳았지만 역시 바깥 세계의 동정은 잘 몰랐던 농민들, 옛날의 도를 지키기에만 우선한 보수 유생들로 각각의 힘이 분산되면서 국력은 쇠약해 갔고, 내부의 갈등은 더 심화되었다.

그런데 놀라운 것은 곳곳에서 일본의 손길이 감지된다는 점이다. 젊은이들을 충동질하여 갑신정변을 일으킨 것도 그렇지만, 농민봉기를 틈탄 일본의 청일전쟁 도발도 이미 예정된 수순이었다. 그러니 단순히 봉기만으로 문제를 해결하려 한 군대와 개화당의 젊은이들, 농민들에게도 문제는 있다. 그러나 비난을 하자면 안에서 원인을 제공한 척족에게 더 큰 책임이 있다. 자연히 척족의 중심인 왕비도 비판을 면할 길 없다.

그러나 많은 이들이 왕비를 비난하면서도 한편으로는 동정하는 마음을 갖는다. 거기에는 그만한 이유가 있다. 왕비는 말년으로 갈수록 나라의 운명에 대해 고심한 흔적이 뚜렷이 보인다.

수차례 사선(死線)을 넘나들면서 왕비의 세계관은 점차 변해 갔다. 늘 대하는 것도 국제무대에서 활동하는 동서양의 외교관들이었다. 이들을 통해 세계와 나라를 보는 시야가 넓어진 것이다. '비뚤어진 가문관(家門觀)에 도취하다가는 모두 망한다'는 생각이 척족 인물들과 왕비를 반성하게 한 것으로 보인다. 선교사나 서양 외교관들도 왕비가 매우 총명하고 애국적이었다고 기록하고 있다.

고종이 지은 제문을 보자.

명성황후는 유교 경전을 읽을 줄 알 뿐 아니라 중요한 문구들은 암송하고 있었으며, 한국과 중국의 역사에 해박했다. 그러나 왕비는 오빠(민승호-필자 주) 폭발물 사건으로 죽은 후 거의 매일 잠을 이루지 못하였다. 대체로 아침 11시경 일어나면, 한두 시간 휴식을 취하고 난 뒤 글읽기와 편지쓰기, 서리의 임명부터 대외 조약의 협상에 이르기까지 거의 모든 문서를 검토하고 국사를 처리하는 일에 온종일 시간을 보냈다(『주연집(珠淵集)』).

속된 말로 왕비를 일컬어 '집안을 망하게 한 암탉'이라 하기도 한다. 일본측 보고와 소설류에 자주 등장하는 설명이다. 그러나 서양 외교관들의 보고서에는 왕비가 고종의 권위를 넘어 멋대로 행동했다는 증거

가 별달리 보이지 않는다. 고종은 왕비를 앞세워 국사를 처리했으니 오히려 왕비는 고종에게 제1의 참모격이라 했다.

궁정 사정을 잘 알고 있던 윤치호나 이범진도 왕비는 왕을 대신하여 일본인들 손에 죽은 것이라며 동정하였다. 고종은 청일전쟁 이후 조정을 유린하고 국왕의 권위를 실추시킨 일본을 거부하는 입장일 수밖에 없었고, 왕비는 그 상황에서 러시아의 후원을 적극적으로 모색하였다. 당연히 왕비는 일본에 방해가 되는 조선측 제1의 인물로 부각되었고, 그래서 일본이 왕비를 제거했다는 것이다.

을미사변에 대해서는 일본의 여성작가 쓰노다 후사꼬(角田房子)가 소설의 형식을 가미하여 일본인에게 널리 알린 바 있고, 국내에서도 얼마 전 역사학자들의 협동 연구로 일부 재조명된 바 있다(최문형 외, 『명성황후 시해사건』).

그후 명성황후가 뮤지컬로 꾸며져 국내외에 100년 전의 한국을 알리는 데 크게 기여한 것도 사실이다. 다만 뮤지컬의 영문 타이틀 'The Last Empress'는 '마지막 왕비(The Last Queen)', 혹은 '첫 황후(The

First Empress)'로 해야 적당할 것이다. 한국의 마지막 황후는 명성황후가 아니라 순종의 두 번째 비인 순정효황후이며, 명성황후는 조선의 마지막 왕비이자 사후에 황후로 추존된 한국 최초의 인물이기 때문이다.

왕비를 제거한 일본은 언론을 통해 대원군이 주범이고, 원인은 왕비의 실정 때문이라는 말을 유포했다. 이토 등도 이 사건을 두고 중세적 왕조에서나 일어날 수 있는 궁중의 음모라고 했다. 대원군에게 누명을 씌우고 왕비를 망국의 주범으로 몰면서, 일본은 슬쩍 빠져나간 것이다. 지난 100년 동안 그러했다. 결국 고종을 포함하여 대원군과 왕비 모두 일제에 의해 희생되고도 역사적인 평가에서도 왜곡당한 것이다. 적어도 그들은 한국 근대사에서 가장 중요한 위치에 있던 핵심적인 3인이니, 이제는 보다 객관적인 평가를 시도해야 할 것이다.

고종황제의 후손

고종의 자녀는 원래 9남 4녀였다. 명성황후에게서 4남 1녀, 네 명의

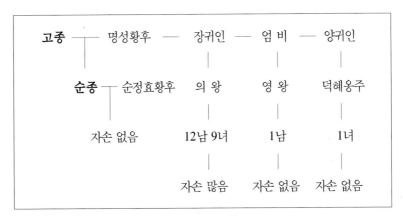

고종황제의 가계도 고종은 명성황후와 세 명의 후궁에게서 9남 4녀를 두었으나, 6남 3녀가 어려서 죽고 3남 1녀만이 어른으로 자라났다.

고종과 순종 고종은 '3남 1녀'의 자녀를 두었으나 적자인 순종은 몸이 허약해서인지 슬하에 자녀를 두지 못했다. 『사진으로 본 백년 전의 한국』(가톨릭출판사).

후궁인 이귀인, 장귀인, 엄비, 양귀인에게서 5남 3녀를 보았다. 그러나 6남 3녀가 어려서 죽고, 3남 1녀만이 어른으로 자라났다.

명성황후의 둘째아들 척(후일의 순종), 장귀인의 아들 강(의왕), 엄비의 아들 은(영왕), 양귀인의 딸 덕혜옹주(德惠翁主)가 이들이다. 이들 가운데 순종은 자손이 없고, 영왕에게는 아들 구가 있다. 고종의 자녀 중 유일하게 자손을 많이 둔 이는 의왕이다.

비극의 황태자비 순명효황후

순명효황후는 순종의 첫번째 비이다. 순종은 1874년에 태어나 다음 해 2월 세자로 책봉되었고, 아홉 살 때인 1882년 여흥민가에서 민태호(閔台鎬)의 딸이자 민영익(閔泳翊)의 누이동생을 신부로 맞이하였다. 그 비가 곧 순명효황후이다.

순종이 황제에 즉위하기 전에 승하하였으므로 사후인 1907년에 황후로 추존되었다. 순명효황후는 을미사변 당시 참극의 현장에서 누구의 것인지(?) 모를 피를 잔뜩 뒤집어쓰고 혼비백산한 일이 있다. 분명 명성황후의 선혈이었을 것이다. 그런 경악할 충격 때문인지 불과 33세의 젊은 나이에 세상을 떠났다.

대한제국의 마지막 황후 순정효황후

황태자였던 순종은 첫번째 비가 죽자 1906년 해풍부원군(海豊府院君) 윤택영(尹澤榮)의 어린 딸을 새 황태자비로 맞았다. 근 20년의 나이 차이였다. 1907년 순종이 황제에 등극함에 따라 윤비는 황후가 되었으니 그녀가 곧 순정효황후이다.

일제가 한국의 국권을 박탈할 당시 순종에게 합방조약에 날인할 것을 강요하자, 황후는 병풍 뒤에서 이 얘기들을 엿듣고 옥새(玉璽)를 치마폭에 감추고 내주지 않으려 했다. 그러나 일제는 숙부인 윤덕영을 핍

순정효황후 13세의 어린 나이에 황태자비가 되었으나 황실의 후사를 잇지 못하고 1966년 낙선재에서 임종하였다. 『사진으로 본 백년 전의 한국』(가톨릭출판사).

박하여 끝내 이를 빼앗았다. 순정효황후는 만년에 불교에 귀의하여 대지월(大地月)이라는 법명을 받았고, 1966년 창덕궁의 낙선재에서 임종하였다.

자손이 많은 의왕

의왕(義王, 1877~1955년)은 고종의 둘째아들로 의화군, 의친왕으로도 불린다. 초명은 평길(平吉), 이름은 강(堈)이다. 어머니는 귀인(貴人) 덕수장씨(德水張氏)이다. 열국 외교관들의 평에 의하면 의왕은 왕실의 인물 중 가장 자질이 뛰어나고 매우 총명했다 한다. 1891년 의화군에 봉해졌고 1900년 친왕부(親王府)가 증설되면서 의왕에 봉해졌다.

1894년 일본의 청일전쟁 승리를 축하(?)하는 보빙(報聘) 대사로 임명되어 일본에 다녀왔다(9, 10월). 이듬해 특파 대사 자격으로 영국, 독일, 러시아, 이탈리아, 프랑스, 오스트리아 등 유럽 각국을 차례로 다녀왔다.

의왕 이강 고종과 장귀인 사이에서 태어났으며 자질이 뛰어나고 매우 총명한 인물이었다고 한다. 『사진으로 본 백년전의 한국』(가톨릭출판사).

을미사변 직후, 명목상 일본으로 유학을 갔으나 실은 일본의 인질로 잡혀 있었던 것이다. 고종은 고심한 끝에 유학 명목으로 의화군을 미국으로 빼내었다. 의왕은 1900년부터 1905년 사이에 미국 유학을 마치고 돌아와 대한적십자사 총재가 되었다. 이토 히로부미가 자신의 말을 잘 따르면 황제를 시켜 주겠다고 회유하자 그에 반발하여 기행(奇行)을 일삼았다고 한다.

1919년 의왕은 대동단의 전협, 최익환 등과 상해로 탈출을 모색하다가 신의주에서 일본 경찰에게 발각되어 강제로 송환되었다. 그뒤 일본 정부에서는 여러 차례 의왕에게 일본 방문을 종용하였으나 끝내 거부하였다. 의왕은 미래의 우리 국가는 민국(民國)이 되어야 한다고 주장하는 등 황족의 후예로서는 매우 진보적인 생각을 가졌던 인물로 평가받는다.

1893년 16세의 나이에 연안김씨 김사준(金思濬)의 딸 김덕수(金德修, 덕인당 김씨)와 결혼하였다. 그러나 의왕비에게는 자손이 없고, 수인당(修仁堂) 등 다른 부인에게서 여러 자손을 두었다. 수인당은 건(健)과 우(鍝) 두 아들을 두었으며 첫아들 건(健)은 1931년 일본 여성(廣橋誠子)과 결혼하였다. 최근(1995년)까지 확인된 의왕의 자녀는 12남 9녀, 생존 자녀는 5남(현, 갑, 석, 환, 정) 7녀(진, 찬, 공, 장, 용, 현, 민)로 알려진다.

일제의 볼모 영왕

영왕은 고종의 셋째아들로 이름은 은(垠)이다. 순빈(淳嬪) 엄씨(嚴氏, 1903년 황귀비로 책봉)의 소생이다. 1907년 순종이 황제에 등극하자 황태자로 택립되었다. 그러나 형제간에 계통을 세우는 것은 불가하다는 세상의 의론을 따라 황태제(皇太弟)라 하였다.

둘째인 의왕을 제치고 셋째인 영왕이 황태자가 된 이유에 대해서는

영왕과 이방자 여사 영왕은
고종의 셋째아들로 엄비 소생
이다. 어린 나이에 일본으로
건너가 일본 여성과 정략 결혼
하였다. 『민족의 사진첩(상)』
(서문당).

설이 분분하다. 엄비의 영향력이 작용하였다는 설과 의왕의 성격이 호
방하면서도 기행을 일삼아 다루기 곤란할 것이라는 일본측의 판단에
의한 것이라는 설 등이 그것이다.

영왕은 조용하고 과묵한 성격이었던 것으로 보인다. 일본의 정략에
의해 일본으로 끌려간 뒤 일본 여성과 결혼하였다. 그녀가 이방자 여사
이다.

정략 결혼의 희생양 덕혜옹주

고종과 양귀인 사이에 태어났다. 1930년 대마도주의 아들(宗武志)에
게 시집갔으나, 정신이 이상하다 하여 이혼을 당했다. 슬하에 딸 하나
를 두었으나 삶을 비관하여 현해탄에서 투신 자살한 것으로 알려진다.

영왕 부부와 덕혜옹주 1926년 순종의 급환 소식을 듣고 일본에서 귀국했을 때의 모습이다. 왼쪽이 덕혜옹주.『민족의 사진첩(상)』(서문당).

전하는 바에 의하면, 덕혜옹주는 열한 살의 어린 나이에 유학이란 명목으로 생모 양귀인의 품을 떠나 일본에 끌려가 동경의 학습원(學習院)에서 공부했다〔을미사변 당시의 주한공사였던 미우라 고로(三浦梧樓)가 학습원장을 지낸 바 있다〕.

하루는 일본의 황족인 내친왕(內親王)에게 인사를 하라는 명이 떨어졌다. 그러자 덕혜옹주는 '나도 대한제국의 황녀인데 왜 내가 절을 해야 하느냐'며 단호하게 거절하였다. 그 말을 들은 일본인들은 옹주의 기를 꺾기 위해 '병이 들었으니 휴양을 해야 한다'는 말과 함께 그녀를 외딴 섬으로 보냈다.

멀쩡했던 옹주는 그후 진짜로 이상해졌고, 결국 정신이 이상하다고 하여 추방되었다 한다(이해경,『나의 아버지 의친왕』, 106~107쪽).

황제의 기록

고종황제의 저술 『주연집』

『주연집』은 고종의 글들을 모은 유일한 책이다. 전체 분량은 1천875쪽, 40권 20책의 필사본이다. 군주의 문집이니 서문이 없는 것은 당연하지만, 발문(跋文)까지도 없어 여러 가지로 아쉬움이 남는다. 즉 누가, 언제, 어떠한 기준으로 고종의 글들을 편집하였는지, 또 누가 필사하였는지 등을 정확히 알 수 없기 때문이다. 가장 많은 것은 제문(祭文, 764편)이고 그 다음이 교(敎, 385편), 조(詔, 264편), 비(批, 454편), 돈유(敦諭, 148편), 시(詩, 37수), 악장과 윤음(각 21편)이며 기타 행록(行錄) 등이 있다.

그 가운데 행록은 개인 문집의 행장(行狀)과 같은 것이다. 다섯 편밖에 안 되지만 그중 명성황후의 장례 때(1897년 11월 20일)에 고종이 지은 「명성황후행록(明成皇后行錄)」이 포함되어 있다. 이 글은 황태자(후일의 순종)와 민영소(閔泳韶)가 지은 행록과 함께 실려 있다. 명성황후의 본가인 여흥민씨의 가계와 명성황후의 출생, 성장 과정, 왕비 책봉, 궁중에서의 일상과 처신, 임오군란·갑신정변·을미사변에 이르기까지 명성황후가 겪은 일 등을 기록하고 있다. 명성황후의 일대기인 셈이다.

그 내용에서 특히 을미사변 당시를 회고한 부분이 관심을 끈다. 고종은 사건 당일 궁궐에서 명성황후를 보호하지 못한 것을 크게 자책하고 있다. 명성황후는 고종의 곁을 떠나면서 마지막으로 '종사의 중함을 잊지 마소서'라는 말을 남겼다. 고종은 그 말을 되뇌면서 명성황후의 죽음을 비통해 하고 있다. 명성황후에 대한 고종의 절절한 심정이 잘 드러난 대목이다.

『주연집』에 실려 있는 내용의 일부(돈유나 유서 등)는 일반 개인의 문집에서는 찾아볼 수 없는 것들로, 당시의 통치 제도나 중앙과 지방의

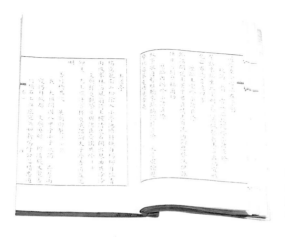

『**주연집**』 제문. 교. 시.
행록 등 고종의 글들을
모은 유일한 문집이다.
장서각 소장.

사정을 살펴볼 수 있는 중요한 자료이다. 다른 군주의 문집과 마찬가
지로 대부분 고종 자신이 직접 작성한 것은 아니고, 신하들이 고종의
뜻을 헤아려 작성한 것들이 많다. 그러나 독특한 사료적 가치가 있다.
『고종태황제실록(高宗太皇帝實錄)』, 『순종황제실록(純宗皇帝實錄)』은
물론 각국 공사 및 영사관 보고 등과 비교 검토하여, 조선 왕조 말기와
대한제국의 정치·경제·사회·군사·교육·의례 등을 살펴보는 데 매
우 중요한 자료이다. 현재 한국정신문화연구원의 장서각에 유일한 원
본이 소장되어 있다.

고종과 순종시대의 기록

『고종태황제실록』은 보통 『고종실록』이라고 줄여 부른다. 고종시대의
역사를 편년체. 즉 연월일 순으로 기록한 것이다. 일제하에 이왕직의
주관으로 1927년 4월 1일부터 1935년 3월 31일까지 만 8년 동안 작업
하여 완성하였다. 『고종실록』은 고종 즉위년(1863)부터 광무 11년
(1907)까지 45년 동안의 기록으로 모두 52권 52책이다.

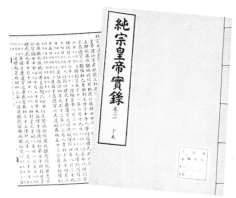

『고종태황제실록』과『순종황제실록』 장서각 소장.

『순종실록』으로 불리는『순종황제실록』은 순종이 즉위한 융희 원년 (1907)부터 융희 4년(1910)까지 4년 동안의 기록과 퇴위 후 1926년까지 17년 동안을 기술한 부록을 합친 것이다. 총 32권 8책으로 이루어 져 있다.

이 두 실록은 역대 실록, 특히『철종실록(哲宗實錄)』의 체제를 따라 완성되었다. 『승정원일기(承政院日記)』를 중심으로『일성록(日省錄)』 과『계제사일기(稽制司日記)』등을 보충하였으며 그 밖에 각사의 등록 (謄錄), 일기, 계록(啓錄), 존안류(存案類), 문집류와 여타의 사료들이 이용되었다.

그러나 이 두 실록은 편찬 시기나 참여한 인원 등으로 볼 때 사실을 왜곡했을 소지가 다분하다. 즉 일제 강점기에 편찬되었고 편찬위원장 을 비롯하여 사료수집위원, 감수위원 등의 직책에 일본인들이 다수 참 여하였다. 편찬위원장이었던 이왕직장관(篠田治策)을 비롯하여, 감수 부의 총책임자였던 경성제국대학교수(小田省吾), 사료수집 위원(菊池 謙讓), 기타 편수부와 사료수집부, 감수부의 일본인들이 그들이다. 편찬된 사료들은 반드시 이들의 감수와 손질을 거쳐야 했고, 일본인 위원장의 결재를 받아야 간행될 수 있었다. 심지어 사료수집위원이었던 기쿠치(菊池)는 명성황후 시해 사건 당시 『한성신보』의 신문기자로, 사건 현장에까지 출동했던 인물이다. 이런 점 등이 실록의 신뢰성과 가치를 크게 손상시키고 있다.

이런 문제점에도 불구하고 두 실록은 『승정원일기』나 『일성록』 등의 중요한 관찬 기록을 뽑아 싣고 있어 고종시대를 연구하는 데 유용하게 쓰인다. 다만 개항 이전까지는 원사료에 충실한 반면, 이후의 내용은 너무 간략하거나 반드시 들어가 있어야 할 내용이 누락된 경우가 많다. 그러나 각국과의 조약이나 관제, 관직의 변화, 각 지방 관아의 회계부, 천재지변과 그에 대한 대책 등의 기사가 충실하고 갑오경장 이후 조정에서 내린 각종 정령과 법률 등 거의 모두를 망라하고 있어 많은 참고가 된다.

고종시대에는 복잡한 국제 관계로 인해 극비에 속하는 문서가 매우 많았다. 그러나 공식적인 외교 문서 이외에는 대부분의 비밀 외교 문서가 행방불명된 상태이다. 이선근(李瑄根)은 고종의 비밀 서류는 여러 상자에 담겨져 있었으나 일본측에 입수되어 증발(?)한 것으로 추측된다 하였다. 필자도 이런 문건들이 이미 파기되거나 일본 내 어딘가에 소장되어 있을 것이라 생각하지만, 어디까지나 추측일 뿐이다. 이들 문건의 일부라도 발굴된다면 한국 근대사 연구에 큰 도움이 될 것이다.

고종 개인의 기록으로는 『주연집』 외에 특별히 남아 있는 것이 거의 없다. 일부 비밀 문서 중 잘 알려진 것은 '헤이그 밀사'에게 건네준 '한국의 독립 청원 문건'과 헐버트, 이승만을 통해 미국의 루스벨트 대통령에게 전하려 한 '을사조약 무효 선언에 관한 문건' 등이다. 최근에서야 발굴이 시작된 러시아측 자료에서보다 귀중한 문건들이 많이 나올 것으로 기대된다.

고종과 순종의 능

홍릉(洪陵)과 유릉(裕陵)은 현재 경기도 남양주시(미금시)에 위치해 있다. 홍릉은 대한제국의 태조고황제 고종과 명성황후의 능이고, 유릉은 대한제국의 마지막 황제 순종과 순명효황후, 순정효황후의 능이다. 홍릉은 원래 명성황후의 능으로 1897년 청량리에 있었으나, 1919년 고종의 장례 당시 지금의 위치로 옮겨 오늘에 이르고 있다. 홍릉과 유릉은 서로 수백 보밖에 떨어지지 않아 거의 한 울타리나 다름없는 거리에 있으니, 그 자체가 역대 다른 능에 비해 특이하다 할 수 있다.

홍릉과 유릉이 가까이 위치하게 된 이유는 무엇일까. 위당(爲堂) 정인보(鄭寅普)의 「유릉지문(裕陵誌文)」에 따르면, 순종은 생전에 효성이 지극했다고 한다. 그러나 명성황후를 참혹하게 잃은 슬픔과 원한을 견디기 어려웠던 데다가, 고종마저 의문의 죽음을 맞이하여 임종을 지켜보지 못하였다. 부친의 상사에 비애감이 더욱 깊어진 순종은 큰 병환을 얻어 자리에서 일어나지 못하였다. 순종은 임종을 맞기 직전 자신의 자리를 홍릉 쪽으로 향하게 한 다음 이렇게 유언하였다고 한다.

내가 동향(東向)하여 홍릉을 향하니 몸이 한결 편안할 듯하다. 훗날 나를 홍릉 가까이 고종과 명성황후 가까이 묻어 달라.

이런 연유로 홍릉과 유릉은 거의 한 울타리에 이웃해 있게 되었다. 일반에서는 가까이 위치해 있는 두 능을 묶어 흔히 홍유릉이라고도 부른다.

홍릉과 유릉에는 조선조 역대 왕릉과는 또 다른 특징이 있다. 능에 부속된 건물, 석상, 재실 등의 구조와 규모가 그렇다. 가령 석상은 여느 조선 왕릉의 그것에 비해 크고 종류도 다양하다. 능의 좌우에 있는

유릉 고종과 명성황후의 능인 홍릉과 순종·순명효황후·순정효황후의 능인 유릉은 매우
가까운 거리에 있어 홍유릉이라 부르기도 한다. 사진 유남해.

문무석과 기린, 낙타, 코끼리, 사자의 석상 등이 그것이다. 단순한 규
모와 형식, 숫자의 차이 같지만, 대한제국을 선포한 고종의 속뜻과 순
종의 유언 등을 음미하고 보면 그 의미가 더욱 새롭다.

　'지난날의 병합 인준은 일본이 제멋대로 만들어 선포한 것이다. 구차하게
살며 죽지 않은 지가 지금에 17년이다. 나는 종사(宗廟와 社稷)의 죄인이
되고 2천만 생민(生民)의 죄인이 되었으니, 한 목숨이 꺼지지 않는 한 잠시
도 이를 잊을 수 없다. 노력하여 광복하라.'〔융희황제의 유조(遺詔) 중,
1926년 7월 8일자『신한민보(新韓民報)』기사〕

맺음말

한국에서 황제가 등장한 것은 19세기 말, 불과 백년 전의 일이다. 그럼에도 한국의 황제는 한국인들의 기억에서 희미한 존재가 되었다. 한국의 황제는 분명 성군(聖君)은 아니었다. 그렇다고 폭군(暴君)도 아니었다. 한국의 황제는 자국의 젊은이들을 죽음의 전쟁터로 내몰며 살아 있는 신을 자처하지도 않았고, 순박한 백성들을 전쟁터로 몰아넣어 원폭 세례를 받게 하지도 않았다. 그렇다고 역사 문맹인 후손들이 이웃나라 사람들로부터 침략자의 후예라거나 역사 교과서 똑바로 쓰라는 말을 듣게 하지도 않았다.

한국의 황제는 포악한 제국주의 시대에 가난하기 짝이 없는 나라를 이끌어 간 군주였다. 부귀영화는커녕, 불안과 고통 속에 전전긍긍하면서 생을 마감한 비운의 군주였다. 어쩌다 어려운 시대에 태어나 참혹한 삶을 이어간 우리의 증조부모님들과 크게 다르지 않다. 황제와 그 시대 우리의 증조부모 모두에게 간절했던 것은 무엇일까. 아마도 '인간답게 살고 싶다'는 소망이었을 것이다.

이제 혁명과 이념의 갈등으로 점철된 20세기는 지나갔다. 한 세기의 장을 넘기면서 과거의 역사에 대해 살벌했던 각국 사람들의 의식도 점차 '인간적'이 되어 가고 있다. 1996년 초 중국은 역대 황제들이 안장 된 황릉에 마지막 황제 푸이의 유해를 이장했다. 러시아도 1998년 니 콜라이 2세의 유해를 상트 페테르부르크의 로마노프 왕가 묘역에 안장 했다. 인간적인 도의와 조상에 참회하자는 언급과 함께. 이로써 중국과 러시아는 반동으로 낙인찍어 단절시켰던 전제군주시대와 이념에 휘둘 렸던 20세기를 정리하면서, 새로운 화합의 세기를 맞이한 것이다.

한국은 어떠한가. 절반의 풍요이긴 하지만 단군 이래 최고의 부를 구 가하고 있다. 현대의 강대국들은 대부분 20세기 초까지 식민지를 보유 했던 나라들이지만, 한국은 주변국을 약탈하여 성장한 것도 아니고, 어느 날 갑자기 하늘에서 떨어진 행운을 주운 것도 아니다. 절망과 시 련 못지 않게 일어서려는 소망과 의지도 강렬했고, 또한 그 사이에 흘 린 땀이 적지 않았기 때문에 오늘이 있게 된 것이다.

이제는 황제와 그 시대 조상들의 피와 눈물 모두가 우리의 삶에 깊숙 이 녹아 들었다. 구태여 과거에 연연할 까닭이 없다. 그럼에도 여전히 황제와 그 시대를 돌아보게 되는 이유가 있다. 우리에겐 아직도 이루지 못한 소망이 있기 때문이다. 그것은 '온 민족이 화해하여 평화를 만끽 하며, 남부럽지 않을 정도의 부와 남이 넘보지 못할 힘, 그리고 문화만 큼은 어느 나라에도 뒤지지 않는 그런 나라를 이루는 일'이다. 그것은 새로운 세기에 우리 스스로가 반드시 이루어야 할 목표이자 지난 백년 의 통한을 넘어서는 길이다.

참고 문헌

국내 자료

『고종태황제실록(高宗太皇帝實錄)』

『독립신문』

『매천야록(梅泉野錄)』

『민충정공유고(閔忠正公遺稿)』

『순종황제실록(純宗皇帝實錄)』

『윤치호 일기(尹致昊日記)』

『장지연 전서(張志淵全書)』

『주연집(珠淵集)』

『증보문헌비고(增補文獻備考)』

『황성신문(皇城新聞)』

『한국민족문화대백과사전』

The Korean Repository

The Independent

서울시사편찬위원회 편, 『서울시 600년사 – 문화사적편』, 1987.

선우훈, 『덕수궁의 비밀』, 세광출판사, 1956.

유인선, 『베트남사』, 민음사, 1984.

이민원, 「대한제국의 성립」, 『한국사』 42, 국사편찬위원회, 1999.

이민원, 『명성황후 시해와 아관파천』, 국학자료원, 2002.

이해경, 『나의 아버지 의친왕』, 도서출판 진, 1997.

최문형 외, 『명성황후 시해사건』, 민음사, 1992.

F. A. 맥켄지 저, 신복룡 옮김. 『대한제국의 비극』, 탐구당, 1973.

국외 자료

『건건록(蹇蹇錄)』
『매일신문(每日新聞)』
『신문집성명치편년사(新聞集成明治編年史)』
『일본외교문서(日本外交文書)』
『조선잡기(朝鮮雜記)』
『조일신문(朝日新聞)』
『주한일본공사관기록(駐韓日本公使館記錄)』
『청계중일한관계사료(淸季中日韓關係史料)』
朴宗根, 『日淸戰爭と朝鮮』, 東京:靑木書店, 1984. ; 박영재 역, 『청일
    전쟁과 조선』, 일조각, 1989.

F.O.405-68-73, *Further Correspondence Relating to Korea, and China, and
    Japan*(국사편찬위원회 소장).
Despatches from U.S.Ministers to Korea, 1883∼1905(한국정신문화연구
    원 소장).
Bishop, Isabella Bird, *Korea and Her Neighbors*, Shanghai: Kelly and
    Walsh Ltd,1897. Reprint, Seoul: Yonsei University Press, 1970.
Lensen,George Alexander, *Balance of Intrigue:International Rivalry in
    Korea and Manchuria, 1884∼1899*. 2 vols. Tallahassee: Florida
    State University Presses, 1982.

빛깔있는 책들 102-51

한국의 황제

글   —이민원

발행인   —장세우
발행처   —주식회사 대원사

기획 · 편집—김분하, 김옥자, 박상미,
              최명지
미술   —위명자
총무   —이훈, 강미영, 강승찬
영업   —이규헌, 강승일, 이광복,
              한은영

첫판 1쇄   —2001년 1월 5일 발행
첫판 2쇄   —2002년 7월 31일 발행

주식회사 대원사
우편번호/140-901
서울 용산구 후암동 358-17
전화번호/(02) 757-6717~9
팩시밀리/(02) 775-8043
등록번호/제 3-191호
http://www.daewonsa.co.kr

Daewonsa Publishing Co., Ltd.
Printed in Korea(2001)

ISBN 89-369-0243-1 04900

빛깔있는 책들